진짜 공무원

진짜 공무원

일 잘하는 공무원의 성공 공략집

초판 1쇄 인쇄일 2021년 6월 18일
초판 1쇄 발행일 2021년 6월 25일

지은이 이철희
펴낸이 양옥매
디자인 임흥순 송다희 김영주
교 정 조준경

펴낸곳 도서출판 책과나무
출판등록 제2012-000376
주소 서울특별시 마포구 방울내로 79 이노빌딩 302호
대표전화 02.372.1537 **팩스** 02.372.1538
이메일 booknamu2007@naver.com
홈페이지 www.booknamu.com
ISBN 979-11-6752-004-3(03190)

일 잘하는
공무원의
성공 공략집

진짜
공무원

| 이철희 지음 |

책과나무

2010년 7월 이철희 실장과 처음 만나 같이한 시정은 참으로 복잡했다. 4,000여 명의 인력, 3조 원 규모의 재정을 운용하는 일이었다. 그런데 이 책을 보니 복잡함을 쉽게 풀어내는 그의 40년 공직 내공(內功)을 알 수 있었다. 후배 공무원들에게 귀중한 전범(典範)으로 활용될 것이다.

– 한범덕 청주시장 / 전 행정자치부 차관

이 책은 유용하고 의미 있는 공무원 지침서이다. 저자의 36년 공직 생활에서의 성찰과 경험, 재미있는 에피소드가 진솔하게 녹아 있다. 특히 직무 역량 함양에 필요한 '체크리스트'들이 현장에서 쉽게 활용할 수 있도록 정리되어 있어 유용한 팁을 얻을 수 있다. 저자의 공직에 대한 진정성과 열정이 불경의 한 구절을 떠오르게 한다. '성실한 행동은 자기보다 남을 이롭게 한다.'

– 최영출 충북대 행정학과 교수 / 한국비교정부학회 회장

매사마골(買死馬骨) 선시어외(先始於隈), 이 얼마나 멋진 말인가? 다른 사람을 존중하고 자기를 낮추는 지혜는 동서고금의 진리일 것이다. 더불어 사는 아름다운 세상, 사랑스러운 도시를 만드는 일은 또 얼마나 자랑스러운가! 이철희 실장은 그렇게 한뉘를 산 훌륭한 공직자다. 무심 물결 우암 바람 맞으며 소탈한 너털웃음으로 쓴 글 하나하나에는 소중한 경험과 귀중한 지혜가 담겨 있다.

– 김승환 충북대 명예교수 / 충북문화재단 대표이사

이 책엔 진짜 공무원이 살고 있다. 전직 기자로서 20년 이상 지켜본바 저자의 일과 삶은 '프로'의 그것이었는데, 그저 인상이 아니라 팩트였음이 소상히 입증돼 있다. 그가 석가와 공자부터 피터 드러커, 잭 웰치까지 모셔다 놓고 쏘아 올린 코칭 항목들은 '슬기로운 공직 생활'의 길잡이로 손색이 없다. 물론, 읽는 재미도 쏠쏠하다.

– 안남영 전 HCN충북방송 대표 / 전 중앙일보 기자

이 책은 일반 대중서로도 훌륭하다. 쉽게 읽히고, 공감이 가는 내용으로 꽉 채워져 있다. 곁에 두고 꾸준히 되새김할 가치가 충분하다. 저자의 36년 공직 생활에서 녹아난 깊이 있는 통찰에 갈채를 보내며, 공직 경쟁력을 높이고자 하는 진짜 공무원들에게 일독을 권한다.

– 홍승일 서원대학교 융복합대학 교수

공직 36년,
퇴임을 신고합니다

"실장님, 그동안 실장님이 쓰신 칼럼을 오려 두고 수시로 읽고 있습니다. 혹시 책으로 나왔나 싶어 전화했어요."

어느 날 뜬금없이 충청남도 ○○시에 근무한다는 어떤 과장님의 전화를 받았다.

그동안 직원들로부터 필자가 쓴 글을 수첩에 보관하고 있다는 이야기를 자주 듣긴 했지만, 다른 시의 과장이 전화한 것은 처음이었다. 사실 공직을 마감하면서 정리하는 차원에서 책을 준비하고 있던 차라 큰 격려가 되었다.

공직으로 사회생활을 시작해 사십 년 가까이 천직으로 알고 살아왔다. 그동안 보람 있는 일들이 많았는데, 꾸준히 글을 써 왔던 것도 그중에 하나였다. 글을 쓰는 순간들은 나 자신을 되돌아보고 정리하는 학습의 시간이었다.

이렇게 쓴 글들이 쌓이기 시작하면서 어느 순간 정리의 필요성을 느끼게 되었다. 첫 번째 이유는 거창하지만, 인생관이나 행정철학의 차원에서 그동안 나름대로 경험하고 깨달았던 것들을 정립하자는 것이고, 두 번째는 이런 결과물을 선후배 공무원이나 지역을 사랑하는 시민들과 공유하는 것이 본인의 행복은 물론 살맛 나는 도시를 만드는 데 조금이나마 보탬이 되지 않을까 하는 욕심 때문이다.

이 책의 순서는 글을 쓴 시점과 관계없이 내용에 따라 정리했다. 읽을 때는 장의 구분과 관계없이 그때그때 상황에 맞는 내용을 찾아 읽어도 좋을 것이다.

이 책은 크게 네 부분으로 구성되어 있다.

첫 번째 장 '행복한 공무원이 일하는 법'은 신규 공무원과 실무 주무관을 주 대상으로 하여 일(행정) 잘하는 법을 다루었다. 공직이라는 '내 일[業]'에 대한 올바른 생각과 긍정적이고 적극적인 행정 자세의 필요성 그리고 그동안 겪었던 성공과 실패의 경험을 주제별로 정리하였다. 후배 공무원들이 이를 통해 행복하게 행정을 하길 바란다.

두 번째 장 '존경받는 공직 리더가 되는 법'은 사무관급 이상의 관리자를 주 대상으로 리더십과 조직 관리 요령 등을 다룬 것이다. 조직이란 무엇이며, 그 조직이 성과를 내기 위한 리더의 역할은 무엇인지를 고민한 글이다. 리더는 조직을 지탱하는 무형의 신뢰를 쌓아야 하며 합리적인 인사, 권한위임, 명확한 지시 등 리더로서의 능력을 갖춰 직원들에게 존경받아야 한다.

세 번째 장 '행복의 기반 올바른 공직관'은 공직을 선택한 사람(공무원)의 업(業), 공직관에 대한 글이다. 36년의 공직 생활과 인생의 중반을 넘긴 시점에서 행복한 행정, 행복한 삶을 위한 나름의 철학을 정리하였다. 더불어 사는 여유 있는 삶, 변화에 유연하게 대처하는 삶의 중요성을 담았다.

네 번째 장 '살맛 나는 도시 만들기'는 어떻게 하면 내가 살며 일하는 지역을 '누구나 살고 싶어 하는 도시'로 만들 수 있을까 하는 생각의 결과물이다. 도시를 이루는 중요한 요소들인 사람과 공동체, 문화, 교통, 교육, 출산 등 이슈가 되었던 내용을 정리하였다.

36년 공직을 마감하면서 돌아보니 어려웠던 시대 상황 속에서도 보람 있게 공직 생활을 했다는 자부심도 있지만, '공직 초기에 진작 배웠으면 어땠을까?' 하는 것들도 많이 있다. 이런 보람과 아쉬움을 공직 퇴임 신고라는 이름으로 이 책에 담았다. 아무쪼록 이 책이 후배 공무원들이 뚜렷한 공직관을 가지고 보람을 느끼며 일하는 '진짜 공무원'이 되는 데 일조했으면 하는 바람이다.

끝으로 사랑하는 가족들과 40년 가까운 공직 생활을 하며 만난 모든 분들께 감사드린다.

2021년 6월 30일
이철희

note 01 | 행복한 공무원이 일하는 법

행복한
공무원이 일하는 법

○

모든 시작점은 바르게 정의하는 데서 출발한다[正名].

특히 공직이란 공공의 복리 증진을 위해 일하는 직업이다.

자기가 하는 일에 대해 '왜 하고 있는지',

'무엇을 하는 것인지', '어떻게 할 것인지',

그 일이 '시민들의 행복과 어떻게 연결되는지'를 고민한다면

공직에 대한 자부심은 물론이고

시민의 행복지수도 함께 올라갈 것이다.

무슨 일을
하고 계십니까?

어떤 사람이 교회를 짓고 있는 현장을 방문했는데, 마침 공사장에는 세 명의 인부가 일하고 있었다. 그는 인부들에게 질문했다.

"지금 무슨 일을 하고 계십니까?"

첫 번째 인부는 투덜거리며 대답했다.

"아, 보면 몰라요? 시키는 대로 벽돌을 쌓고 있잖아요."

그러자 옆에 있던 두 번째 인부가 시큰둥한 얼굴로 답했다.

"지금 건물의 벽을 만드는 중입니다."

세 번째 인부는 환하게 웃음을 보이며

"저는 지금 아름다운 교회를 짓고 있습니다. 이곳에서 많은 사람이 신을 찬양하며 행복해할 것을 생각하면서요."

라고 답했다.

첫 번째 인부는 평생 벽돌공으로 살 것이다. 그는 그저 남이 시키

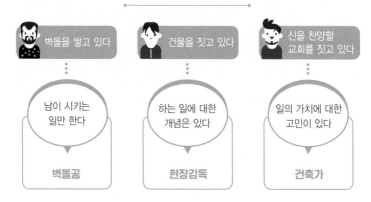

는 일만 하기 때문이다. 두 번째 인부는 자신이 하는 일에 대한 개념은 있으므로 적어도 현장 감독은 될 수 있을 것이다. 마지막 세 번째 인부는 벽돌을 쌓는 단순 노동을 하는 것이 아니라, 교회라는 가치 있는 건축물을 만드는 일을 하고 있다. 그의 장래가 어찌 되었을지는 상상에 맡기겠다.

자리를 옮기게 되면 새로 만나는 직원들에게 위 사례와 함께 다음과 같은 질문을 한다.

"여러분은 지금 무슨 일을 하고 계십니까?"

물론 사무분장표에 나와 있는 업무를 묻는 것은 아니다. 자기가 하는 일이 자신에게 어떤 의미가 있는지, 그리고 공직자로서 자신이 하는 일이 시민의 복리 증진에 어떤 영향을 끼치는지 생각해 보라는 것이다.

이런 질문은 그 일을 왜(Why, 목적) 하고 있으며, 무엇(What, 목표)을 해야 하고, 어떻게(How, 방법) 하는지에 대한 고민 없이는 답할 수 없는 것이다. 그리고 이 일을 통해 미래(If, 효과)가 어떻게 변화할 것인가도 생각해 보면 더욱 좋은 답변이 나온다.

"공직 생활을 하면서 이런 차원에서 내 일을 생각해 본 적이 없습니다."

"이렇게 업무를 바라보니 내가 하는 일의 중요함을 새삼 느꼈습니다."

실제로 많은 직원에게서 들은 대답이다.

'나는 지금 무슨 일을 하고 있는가'를 진지하게 돌아보고 성찰하는 과정을 거치면 '내가 하는 일'의 중요성을 깨닫게 되고, 일에 대한 자부심과 성취감을 느낄 수 있게 된다.

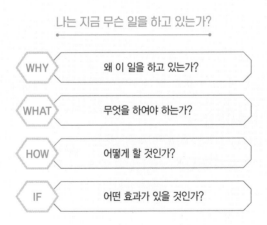

나는 지금 무슨 일을 하고 있는가?

WHY	왜 이 일을 하고 있는가?
WHAT	무엇을 하여야 하는가?
HOW	어떻게 할 것인가?
IF	어떤 효과가 있을 것인가?

이렇듯 자기가 하는 일을 제대로 정의하는 것이 중요하다. 그래서 성현이신 공자도 제자 자로가 "만약에 스승님이 나라의 재상이 된다면 가장 먼저 무엇을 하시겠습니까?"라고 묻자, "필야정명(必也正名)" 즉 반드시 먼저 바르게 이름 짓겠다고 답한 것이다(『논어』「자로편」). 모든 사회문제 해결의 시작을 바르게 정의하는 데서 찾고자 한 것이다.

일본에서 가장 존경받는 경영자 중의 하나인 교세라 그룹 명예회장 이나모리 가즈오(稻盛和夫)도 저서 『왜 일하는가?』에서 자신의 성공이 어떻게 시작되었는지에 대해 "왜 일해야 하는지, 일을 통해 무엇을 얻을 수 있는지 깨닫고, 일을 즐기자 술술 풀리기 시작했다."라고 말했다. 일하는 이유를 알면 일 잘하는 방법이 보인다는 것이다.

그는 『카르마경영』에서도 인생은 마음에 그리는 대로 이루어지며 강렬하게 생각하는 것이 현실이 되어 나타나는 카르마[業], 즉 바른 생각과 그 결과의 인과관계를 강조했다. 사람의 사고가 인생을 좌우한다는 것이다.

이처럼 모든 시작점은 바르게 정의하는 데서 출발한다. 특히 공

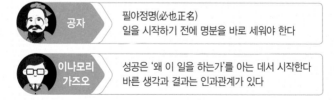

공자
필야정명(必也正名)
일을 시작하기 전에 명분을 바로 세워야 한다

이나모리 가즈오
성공은 '왜 이 일을 하는가'를 아는 데서 시작한다
바른 생각과 결과는 인과관계가 있다

직이란 개인의 이익이 아닌 공공의 복리 증진을 위해 일하는 직업이다. 그만큼 자기가 하는 일에 대해 '왜 하고 있는지', '무엇을 하는 것인지', '어떻게 할 것인지', 그리고 그 일이 '시민들의 행복과 어떻게 연결되는지'를 고민한다면, 공직에 대한 자부심은 물론이고 시민들의 행복지수도 함께 올라가게 될 것이다.

같은 일을 하더라도 단순 노동자가 되느냐, 예술적인 장인이 되느냐는 생각의 차이에서 비롯된다. 세상 모든 일이 마찬가지이다.

여러분은 과연 무슨 일을 하고 계십니까?

'내 일'을 하자!

얼마 전 충북도청에서 고위 공직자로 근무하다 퇴직한 선배와 식사를 하던 중 재미있는 이야기를 들었다. 여러 방법으로 직원들의 유형을 분류할 수 있겠지만, 일에 대한 마음가짐에 따라 크게 두 부류로 나눌 수 있다고 한다.

일을 할 때 '이건 내 일이다.'라고 생각하는 부류와 '상사가 시키니까 한다.'라는 부류이다. 그런데 오랜 기간 직원들의 일하는 모습을 관찰하다 보니, 나중에는 결재받으러 온 직원이 말을 꺼내기도 전에 얼굴만 봐도 그 일이 잘될지, 잘못될지를 알 수 있었다고 한다.

업무를 '내 일'이라고 생각하는 직원은 첫인상에서 자신감이 느껴지고, 걸음걸이부터 씩씩하다고 한다. 결재 건에 대한 설명도 적극적이고, 어떤 문제를 지적하면 해결 방안이 무엇일지를 우선 생각한다고 한다.

	내 일	*남 일*
자세	자신감, 씩씩	소심, 쭈뼛
설명	적극적, 정리	소극적, 중구난방
문제 지적	해결 방안 생각	구실, 핑계 생각
향후 예측	성공	실패

반면에 '시킨 일'이라고 생각하는 직원은 억지로 하는 것이 금방 표가 나서 걸음도 쭈뼛거리고 뭘 물어봐도 제대로 답변하지 못한다고 한다. 문제를 지적하면 '어떻게 하면 안 할까?' 하는 생각에서인지, 안 되는 쪽으로만 대답한다는 것이다.

그러다 보니 자연히 적극적이고 긍정적인 직원은 얼굴만 보고 결재를 해도 좋은 성과가 나타나고, 부정적인 직원은 결재 서류를 아무리 자세히 검토하고 문제점을 지적해도 결국에는 엉뚱한 결과를 가져오더라는 것이다.

평소 같은 생각을 해 오던 터라 선배님의 의견에 크게 공감했다. 주어진 변수가 같다면 일을 대하는 사람의 자세가 능동적이냐 혹은 수동적이냐에 따라 일의 성과나 만족도는 크게 다를 수밖에 없을 것이다.

그렇다면 어떻게 해야 '내 일'이라는 능동적인 태도를 가질 수 있을까?

우선 자기 자신에 대한 믿음이 필요하다. 내가 나를 못 믿는데 어떻게 남에게 나를 믿어 달라고 할 수 있겠는가? 경험 많은 상사들은 직원들의 얼굴만 봐도, 걸음걸이만 봐도 알 수 있다는 점을 기억하자.

자신에 대한 믿음은 부단한 자기 계발과 책임의식을 통해 길러진다. 특히 중요한 것은 일에 대한 책임감이다. 내 일이기 때문에 그 결과에 대해서는 내가 책임을 진다는 자세는 비록 일이 실패할지라도 자신에게 보탬이 된다. 책임을 짐으로써 다음 일을 할 때 시행착오를 줄이는 방법 한 가지를 확실하게 깨달을 수 있기 때문이다. 결국 능동적인 자세로 일하는 사람은 자기 성장을 꽃피울 소중한 씨앗을 늘 배양하고 있는 것과 다름없다.

반면에 자신에 대한 믿음이 부족하면, 스스로 움츠러들게 하고 삐딱한 방향으로 가게 된다. 그러다 일이 잘못되면 부담스러운 나머지

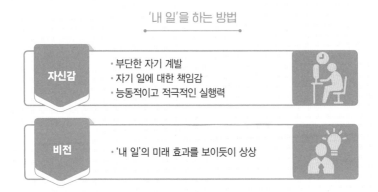

'내 일'을 하는 방법

자신감	・부단한 자기 계발 ・자기 일에 대한 책임감 ・능동적이고 적극적인 실행력
비전	・'내 일'의 미래 효과를 보이듯이 상상

‘남 탓’으로 책임을 돌리게 되는데, 그 결과가 어떨지는 더 말할 필요도 없을 것이다.

또 하나 중요한 것은 ‘비전(vision)’이다. 시대의 패러다임 변화를 정확히 파악하고, 자신과 조직의 장단점에 대한 객관적인 분석으로 ‘내 일’의 비전을 정립해야 한다. 내가 한 일을 통해 자기 자신은 물론 사회가 어떻게 긍정적으로 변화할 것인가를 생각하면 일을 하는 것이 즐거울 수밖에 없다.

비전이 불확실하면 ‘혹시 무슨 일이 생기지나 않을까?’ 하는 불안감과 망설임 속에 때를 놓치기 쉽고, 문제가 발생하면 쉽게 현실과 타협함으로써 예상치 못한 결과를 가져오게 된다.

‘내 일’에 대한 확실한 신념을 갖고 긍정적인 자세를 유지할 때 성공과 행복이 찾아온다. 항상 긍정적인 마음으로 ‘남 일’이 아닌 ‘내 일’을 하자.

정말
바쁘십니까?

항상 바쁘다는 말을 입에 달고 다니는 A 팀장의 별명은 '바쁘다 바빠'이다. 실제로도 아침 일찍 출근하고 야근도 밥 먹듯이 하고 있어 옆에서 보기에 안쓰럽기까지 하다. 그런데 문제는 인사이동으로 다른 사람이 그 자리에 오면 그렇게 바빠 보이지 않는다는 것이다.

그렇다면 상사는 이것을 어떻게 판단할까? 보통 두 가지로 나뉘는데, A 팀장이 무능해서 그렇든지, 아니면 후임자가 일을 적당히 하고 있다고 생각하게 된다. 물론 무엇이 맞는지 판가름하는 데는 그리 오랜 시간이 걸리지 않는다.

아무리 바쁘더라도 잠시 짬을 내어 다음 몇 가지를 점검해 보자.

첫째, 나는 정말 지금 중요한 일을 하고 있는가? 지금 하는 일이 조직의 미션이나 비전과 맞는 일인가를 따져 보아야 한다. 바쁘기만

한 사람은 자신의 목적지를 생각하지 않은 채 그저 열심히만 한다. 잘못된 방향 설정으로 성과가 나지 않는 것은 물론이고 오히려 자원만 낭비할 뿐이다. 조직의 목표, 즉 방향에 맞게 일할 때 생산성이 높아진다.

둘째, 하는 일의 의미를 알고 있는가? 이를 잘 정의해야 성과를 올릴 수 있음은 물론 성취감도 느낄 수 있다. 내가 하는 일이 어떻게 조직에 이바지하고 있는지를 다양한 시각에서 좀 더 넓게, 멀리 바라보고 정의해 보자. '내 일'의 정의는 말 그대로 내가 정해야 하므로 꾸준한 공부와 폭넓은 경험 그리고 자기 성찰을 위한 시간을 가져야 가능하다.

셋째, 대부분의 일이 급하게 처리해야 할 일인가? 맡은 대부분의 일이 급하게 처리해야만 한다면, 당신의 능력이 부족하거나 아니면 일의 배분이 잘못된 것이다. 만일 능력이 부족하다고 느껴진다면 인생의 행복을 위해서라도 적성과 능력에 맞는 일을 찾아 이직을 고려해야 한다. 업무 분장이 당신에게만 치우쳐 있다면 조직의 성과 달성을 위해서라도 합리적인 업무 배분을 건의해야 한다. 급한 일만 처리하다 보면 정작 조직이 원하는 중요한 일을 놓칠 수 있기 때문이다.

넷째, 일의 우선순위를 정하는 기준이 있는가? 우리 인생은 선택의 연속이다. 일이 3~4개라면 순위도 3~4개뿐이지만, 30~40개라면 어떤 일을 먼저 해야 하는지 혼란에 빠지게 마련이다. 이럴 때 일의 우선순위 기준이 미리 정해져 있다면 혼란을 한층 줄일 수 있다. 성공하는 사람은 아무리 일이 많고 급하더라도 일하는 시스템을 먼

바쁘다면 점검해 보자!

☑ 나는 정말 지금 중요한 일을 하고 있는가?

☑ 하고 있는 일의 의미를 알고 있는가?

☑ 대부분의 일이 급하게 처리해야 할 일인가?

☑ 일의 우선순위를 정하는 기준이 있는가?

☑ 정말로 여유 시간이 하나도 없는가?

저 구축한다. 필자는 '내가 할 일 / 남이 할 일', '급한 일 / 급하지 않은 일', '중요한 일 / 중요하지 않은 일'을 우선순위 기준으로 정해 사용하고 있다.

다섯째, 정말로 여유 시간이 한순간도 없는가? 아무리 바쁜 와중에도 쉴 시간은 있기 마련이다. 다만 그 시간을 어떻게 찾아서 잘 활용하는가가 문제이다. 억지로라도 휴식 시간을 찾아야 하며, 휴식이 포함된 자기만의 업무 사이클을 만들어야 번아웃(burnout)이 되지 않고 성과도 낼 수 있다.

자기 발전을 위한 공부나 취미활동도 또 다른 형태의 휴식이 될 수 있다는 발상의 전환도 필요하다.

그런데 이렇게 점검을 해 봐도 정말로 바쁘다면 다음 몇 가지를 더 검토해 보자.

첫째, 정말로 '나' 아니면 할 수 없는가? 흔히 워커홀릭(workaholic)에 빠져 있는 사람들은 '내가 아니면 일이 안 된다'고 착각하곤 한다. 그래서 자신이 쉬면 조직에 큰일이 벌어질 것이라고 생각한다. 하지만 조직이라는 것은 누구 한 사람에 의지해 움직이지 않는다. 조직 안에 나를 대체할 사람이 분명히 있으니, 너무 자기애를 발휘하지 않아도 좋다.

둘째, '지금' 아니면 할 수 없는 일인가? 처음에는 급한 일 같아서 정신없이 서둘렀는데 나중에 보니 오히려 여유를 가지고 해야 했던 일이었음을 깨닫는 경우를 경험했을 것이다. 상사가 아무리 급하게 재촉하더라도 잠시 쉬었다 대답하는 것도 하나의 방법이다. '아니오.'라고 말할 수 있어야 자기의 우선순위와 업무 사이클을 지킬 수 있다. 상사의 급한 지시라도 지연 사유와 함께 나중에 어떻게 처리하겠다는 계획을 잘 정리해서 상사와 협의한다면 오히려 유능하다는 평가를 받을 수 있다. 다만 추진 시기의 결정권은 상사에게 있다는 점을 명심해야 한다.

셋째, 상사가 당신이 바쁜 것을 알고 있는가? 상사라고 해서 전지전능한 것은 아니다. 아무리 바쁘게 일하더라도 '고생한다'라는 격려나 '성실하다'라는 평가 대신, '미련하다'라는 소리를 들으면 얼마나 억울할 것인가. 당신이 왜 바쁜지를 잘 정리해서 적당한 시기에 합리적인 방법으로 보고해야 한다. 그러나 대안 없는 보고는 불평만 하는 사람으로 인식될 수 있으므로 반드시 장단기로 구분된 대책이 포함되어 있어야 한다. 조직의 목표 달성을 기준으로 단기적으로 보조할 직원의 보충이나 장기적으로 조직과 부서 확대 등을 정리해 보

그래도 바쁘다면 더 검토할 것들

☑ 정말로 '나' 아니면 할 수 없는가?

☑ '지금' 아니면 할 수 없는 일인가?

☑ 상사가 당신이 바쁜 것을 알고 있는가?

☑ 내 적성에 맞는 일인가?

고하면, 상사의 관심은 물론 업무의 책임도 함께 나눌 수 있다.

넷째, 내 적성에 맞는 일인가? 사람마다 적성이 따로 있다. 적극적이고 외향적인 사람이 자기 적성에 반하는 내부 단순 업무를 하고 있으면, 일은 잘 진행되고 있더라도 흥이 나지 않아 속으로 골병이 들고 제대로 성과도 나지 않을 것이다. 전보나 이직에 대한 고민을 상사와 이야기하라. 의외로 상사들은 이런 상담에 대해 직원이 생각하는 것만큼 부담을 가지지 않는다. 자신의 워라밸을 위해서라도 용기를 내 보자.

'바쁘다'라는 말을 달고 항상 불평하며 살기보다는, 현재의 바쁨을 어떻게 하면 미래의 자기 발전을 위한 토대로 만들어 갈 것인가를 고민해 보자.

일을
장악하라

조직 생활을 하다 보면 '저 사람은 일을 잘해.' 혹은 '그 사람에게는 일을 못 맡기겠어.'라는 평가를 하게 된다. 물론 이런 평가가 인사에도 큰 영향을 미친다. 그렇다면 일을 잘한다 혹은 못한다는 것은 어디에서 판가름이 날까?

여러 요인이 있겠지만, 기본적으로는 자기가 맡은 일을 '장악'하고 있느냐에 달려 있다. 여기서 일을 '장악'한다는 것은 '완성'한다는 뜻이 아니라, 일이 진행되는 상황을 '통제'하고 있음을 의미한다. 즉 일의 진행 상황은 물론 앞으로 벌어질 상황에 대해서도 꿰뚫고 있다는 말이다.

'일'이라는 놈은 내가 장악하지 않으면, 어느새 거꾸로 일이 나를 장악하고 만다. 그렇게 되면 결국 일에 끌려다니게 되고, 일하면서도 신이 나지 않는다. 그렇게 한 일이 제대로 될 리가 없다. 그래서 일을 장악하는 것이 중요하다.

그럼 어떻게 하면 일을 장악할 수 있을까? 필자가 사용하는 방법은 다음과 같다.

가장 먼저 '할 일'을 상세하게 파악하고 목록을 만든다. 이 작업은 매월 말에 다음 달 업무를 가지고 이루어지는데, 도중에 생기는 업무는 수시로 보완한다. 일의 가짓수가 많은 경우에는 일주일 단위로 목록화하면 된다.

그다음, 기준에 따라 목록을 분류한다. 필자는 스티븐 코비의 명저『성공하는 사람의 7가지 습관』에서 배운 '중요한 일과 중요하지 않은 일', '시급한 일과 여유가 있는 일'을 기초로 하는데, 여기에 추가로 '직접 할 일과 남에게 시킬 일'이라는 필자만의 기준을 더해 세 가지 기준을 결합해 사용한다.

이 세 가지 기준을 매트릭스 방식으로 적용하면, '시급하고 중요한데 남에게 시킬 일', '중요하나 시급하지 않고 직접 해야 할 일'과 같이 일이 구분된다.

처음에 가장 많이 실수하는 것이 판단 기준을 자기 위주로 세우는 것인데, 일 잘한다는 소리를 듣기 위해서는 최고책임자의 의중을 잘 살펴 기준을 세워야 한다. 여기까지 끝나면 일의 절반은 장악한 셈이다.

이렇게 분류가 끝난 일은 다음의 순서에 따라 추진한다.
첫째, 남에게 시킬 일을 먼저 한다. 아주 시급한 일을 제외하고

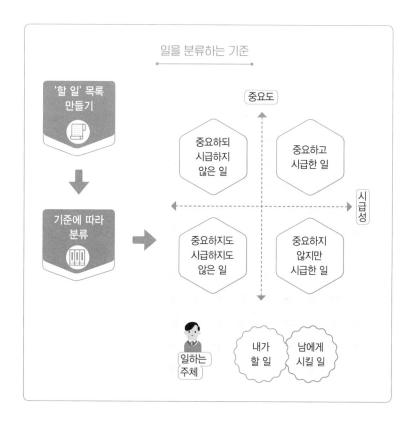

일을 분류하는 기준

'할 일' 목록 만들기

기준에 따라 분류

일하는 주체

중요도

중요하되 시급하지 않은 일

중요하고 시급한 일

시급성

중요하지도 시급하지도 않은 일

중요하지 않지만 시급한 일

내가 할 일

남에게 시킬 일

는, 출근하면 작성된 업무 목록에 있는 '남이 할 일'을 검토하고 지시한 후에 '내가 할 일'을 시작하는 습관을 들여야 한다. 실제로 이것만 잘해도 업무 효율이 무척 높아진다.

둘째, 시급하고 중요한 일을 한다. 이런 일은 보통 이해관계자가 많고 복잡한 것들이 대부분이어서 짧은 시간에 잘한다는 것이 쉽지 않다. 이런 일이 많으면 시간에 쫓겨 업무를 처리하게 되므로 사전에 충분한 검토나 자료를 준비할 수 없어 심각한 시행착오가 발생할 수 있다. 따라서 내용이 부족하더라도 빨리 상사에게 중간보고를 하고 지침을 받아 추진하되, 필요할 경우 동료에게 도움을 요청해야 한다.

셋째, 여유가 있고 중요한 일을 한다. 이 일은 시간이 있으므로 충분한 업무 연찬과 자료 수집, 이해관계자 접촉 등이 가능하다. 따라서 "일 잘한다."라는 소리를 들을 수 있는 업무이다. 다만 여유가

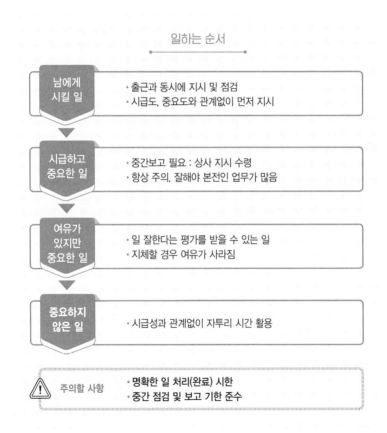

일하는 순서

남에게 시킬 일
- 출근과 동시에 지시 및 점검
- 시급도, 중요도와 관계없이 먼저 지시

시급하고 중요한 일
- 중간보고 필요 : 상사 지시 수령
- 항상 주의, 잘해야 본전인 업무가 많음

여유가 있지만 중요한 일
- 일 잘한다는 평가를 받을 수 있는 일
- 지체할 경우 여유가 사라짐

중요하지 않은 일
- 시급성과 관계없이 자투리 시간 활용

⚠ 주의할 사항
- **명확한 일 처리(완료) 시한**
- **중간 점검 및 보고 기한 준수**

있다고 지체하다가는 '시급하고 중요한 일'로 바뀔 수 있기 때문에 주어진 업무 처리 기간을 잘 판단해야 한다.

마지막으로 시급성과 관계없이 중요하지 않은 일들은 자투리 시간에 처리하도록 한다.

또 하나 중요한 것이 있다. '일 처리(완료) 시한'을 명확히 해야 일이 장악된다는 점이다. '모레쯤', '삼사 일 후에', '다음 주에'와 같이 시한을 막연하게 정하다 보면 자기도 모르게 일에 끌려다니게 된다. 시간까지 명시하면 좋겠지만, 최소한 일자와 오전·오후는 정하는 것이 좋다. '목요일 10시에', '모레 오전 중에', '다음 주 화요일까지'와 같이 목록 옆에 기한을 적어 놓으면 관리가 쉽다. 물론 중간보고가 필요한 것들은 진행 상황에 맞추어 중간보고 시한을 정해야 한다.

이런 방법으로 일을 장악하다 보면, 업무 스트레스가 사라짐은 물론 어느새 일 잘한다는 소리를 듣고 있을 것이다.

행정을 어떻게
行할 것인가?

도로 건너편에 당신을 태우려는 차가 서 있다. 그 차에는 당신의 동료(상사, 애인)가 기다리고 있다. 건널목은 100m 앞에 있는데 신호등까지 있다. 주위를 둘러봐도 경찰은 보이지 않는다. 당신이라면 그냥 무단횡단을 할 것인가? 아니면 건널목까지 걸어가서 신호를 지켜 건너고 차량까지 다시 걸어올 것인가?

처지를 바꿔 보자. 당신은 국회의원이다. 경찰청장을 상대로 무단횡단에 대한 국정감사를 진행하고 있다.

"왜 무단횡단 단속을 하지 않습니까? 법에 단속하라고 되어 있지 않나요?"

경찰청장이 답변한다.

"죄송합니다. 앞으로 신경 써서 열심히 계도하고 단속하겠습니다."

무단횡단이 계속해서 발생하자, 다음 국회에서 다시 문제를 제기한다.

"지난번에 단속하겠다고 답변을 했는데, 여전히 무단횡단이 만연합니다. 청장은 일을 말로만 하는 건가요?"

속으로 청장은 불평한다.

'예산, 조직, 인력을 확보해 주고 단속을 하라고 해야지. 이런 사소한 거 말고도 진짜 중요하고 급한 일이 얼마나 많은데….'

도로교통법에는 무단횡단을 하면 20만 원 이하의 벌금이나 구류 또는 과료에 처하게 되어 있다[1]. 그러나 무단횡단은 수없이 발생하며, 법을 위반하는 사람들도 죄의식을 갖기보다는 재수가 없어 걸렸다고 생각하는 사람이 많다.

그 결과, 무단횡단자는 "차도 안 다니는데, 그거 하나 못 봐주나?"라며 불만을 토로하고, 경찰은 "이걸 어떻게 단속하라는 거지? 열심히 할수록 욕만 먹기만 하고…."라고 생각한다. 국회의원도 할 말이 많다. "정말 행정이 엉망이야. 내가 법을 아무리 잘 만들어도 무슨 소용이 있나?" 결국, 모두가 불행하다.

자, 이제 본론으로 들어가 보자. 이런 모두가 불행한 상황에 대한 책임은 어디에 있는가? 해당 법규를 집행(行)하지 못한 경찰행정에게 책임이 있는가, 아니면 집행하기 어려운 상황을 行하라고 政한 국회에 있는가.

결론부터 말하자면 政이 선행되어야 行할 수 있다. 본래 政(법)의

---

1 도로교통법 제5조(신호 또는 지시에 따를 의무), 제157조(벌칙). 보통 무단횡단 시 벌금 3만 원, 횡단보도 위반 시 2만 원의 범칙금이 부과된다.

경계도 모호하지만, 행의 경계는 더욱 모호하다. 그래서 입법부인 국회에서 법을 제정할 때 행정부에 많은 부분에 재량권을 부여하는 것이다.[2]

그러나 재량권이 있다고 해도 이를 제대로 행사하는 것이 쉬운 일이 아니다. 그럼 어떻게 하면 잘 行할 수 있을까?

우선 관련 법규에 대해 철저히 공부해야 한다. 각 조문의 전후 맥락과 연관된 법규도 같이 알아야 한다. 특히 문구 자체에 매달리기보다는 그 법이 왜 제정되었는가를 잘 살펴야 '선무당이 사람 잡는다.'는 말을 듣지 않을 수 있다. 다른 법과 달리 행정법은 판례나 선행 처분이 구속력을 갖지 않으므로 각 행정행위별로 사안을 잘 살펴야 억울한 민원이 발생하지 않는다.

두 번째, 선배 공무원의 경험을 활용해야 한다. 선배들이 오랜 기간 민원 현장에서 쌓아 온 경험은, 법과 현실 사이에서 발생하는 현장의 목소리를 담고 있으며 이해당사자 간의 갈등 등 시행착오를 거친 중요한 자산이다. 이런 경험들이 신속하고 정확한 판단의 중요한 기준이 된다. 아울러 후배들에게 좋은 선배가 되기 위한 준비 또한 게을리하지 말아야 한다.

세 번째, 학자나 연구원 같은 전문가의 의견을 들을 필요가 있다. 객관적이며 깊이 있는 학자들의 의견은 법 제정 취지와 집행 원칙 등을 이해하는 데 매우 유용하다. 다만 이들은 현장의 다양한 사례

---

2 보통 '세부사항은 대통령령(시행규칙)으로 정한다.', '~할 수 있다.', '~ 이상(이하)' 등으로 법에 표현된다.

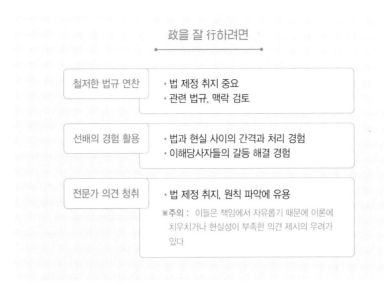

政을 잘 行하려면

철저한 법규 연찬	• 법 제정 취지 중요 • 관련 법규, 맥락 검토
선배의 경험 활용	• 법과 현실 사이의 간격과 처리 경험 • 이해당사자들의 갈등 해결 경험
전문가 의견 청취	• 법 제정 취지, 원칙 파악에 유용 ※주의 : 이들은 책임에서 자유롭기 때문에 이론에 　　　치우치거나 현실성이 부족한 의견 제시의 우려가 　　　있다

를 접해 보지 못해 원칙과 이론에 치우쳐 현실성이 부족할 수 있다는 점과, 책임에서 자유롭다는 점을 고려해야 한다.

이렇게 꾸준히 법규를 연찬하고 민원인의 관점에서 현장 경험을 쌓다 보면 행정을 행하는 자신만의 행정 철학이 생기게 된다.

行의 최종 판단 기준은 '이 行이 과연 공공의 복리를 증진하는가?'에 있다는 점을 잊지 말자.

방법을 찾는 사람,
구실을 찾는 사람

얼마 전 고위 공직에 계시다 퇴직하신 분과 저녁을 같이한 적이 있다. 이러저러한 이야기 중에 앞으로 성공할 직원을 쉽게 알아보는 방법에 대해 말씀하신 것이 기억에 남는다. 문제가 발생했을 때의 보고 자세와 몇 가지 지시를 내렸을 때의 답변을 통해 금방 알 수 있는데, 이 구별 방법은 나중에 보면 거의 틀림없다고 하여 소개하고자 한다.

예상하지 못했던 어려운 문제가 발생했을 때, 성공할 직원은 '대책'에 중점을 두고 보고하고, 그렇지 못할 직원은 '원인'에 중점을 두고 보고를 한다고 한다.

또한, 보고에 없는 새로운 지시를 내렸을 때, 성공할 직원은 즉시 "알겠습니다. 방법을 찾아보겠습니다."라고 답을 하지만, 그렇지 못한 직원은 자신 없는 목소리로 "그건 이러저러해서 어렵겠는데

성공할 직원	실패할 직원
문제 보고 ▶ 대책에 중점	원인에 중점
지시 수용 ▶ 방법 강구(해결책)	구실 강구(변명)
향후 예측 ▶ 문제 해결	실패(문제 확산)

요."라고 구실을 댄다고 한다.

결론적으로 '방법'을 찾는 사람은 발생한 문제의 '해결책'을 찾으려는 사람이고, '구실'을 찾는 사람은 발생한 문제의 '변명'을 찾으려는 사람이기 때문에 이것으로 장래 성공 여부를 예측할 수 있다는 것이다.

이로 미루어 보았을 때, 문제가 발생할 경우 습관적으로 '방법'을 먼저 찾는다면, 장래에 분명히 성공할 수 있다고 결론 내릴 수 있다. 그럼 어떻게 하면 '구실'보다 '방법'을 우선하여 생각하는 습관을 지닐 수 있을까?

첫째, 기본적으로 긍정적인 마인드를 가져야 한다. 문제가 있으면 해결책이 꼭 있다는 것을 명심할 필요가 있다. '하늘이 무너져도 솟아날 구멍이 있다.'라는 속담처럼 긍정적인 사람에게는 항상 해결 방법이 보이게 되어 있다.

같은 현상을 보더라도 긍정적으로 사물을 보는 것이 중요하다. 반쯤 찬 병을 보고 '반밖에 안 남았네.'라고 생각하는 사람과 '아직도 반이나 남았네.'라고 생각하는 사람의 미래는 분명히 차이가 있다.

신발회사의 해외 영업사원들이 시장 개척을 위해 아프리카를 다녀와서 상반된 보고서를 냈다는 이야기를 들어 본 적이 있을 것이다. 전부 맨발로 다니는 아프리카인들을 보고 "여기는 신발을 아무도 신지 않으니 영업을 할 수 없습니다."라고 보고하는 직원과, "여기는 아무도 신발을 신지 않아요. 엄청나게 많이 팔 수 있습니다."라고 보고하는 직원 중에 누가 장래에 성공했을지는 뻔히 알 수 있다. 눈앞에 일어난 똑같은 현상을 보고도, 바라보는 시각의 차이가 그다음의 행동과 결과를 결정하게 된다.

둘째, 실패를 두려워하지 않아야 한다. 사람은 누구나 실패를 하면서 살아간다. 우리가 태어나 걸음마를 배울 때 수없이 넘어지는 실패를 겪었으며, 수많은 사람과 만나기도 하지만 이별의 아픔도 수없이 겪는다. 사업상 혹은 업무상 실수나 실패도 수없이 경험하게 된다. 미국의 전설적인 홈런왕 베이브 루스도 714개의 홈런을 치는 동안 무려 1,330번의 삼진 아웃을 당했다.

실패를 용인하는 조직 문화도 중요하다. 우리나라에도 적극적인 행정행위로 발생한 문제점을 용서하는 '적극행정 면책제도'가 있고, 3M이나 도시바와 같이 실패 포상 제도를 운영하는 회사도 있다. 발명왕 에디슨도 "실패는 성공의 어머니"라고 하지 않았는가!

셋째, 성공의 단맛을 볼 때까지 끈기 있게 도전해야 한다. 시련을 딛고 성공을 경험해 본 사람이 다른 일에서도 성공할 수 있다. 이민규 교수의 책 『실행이 답이다』를 감명 깊게 읽은 적이 있다. 이 교수

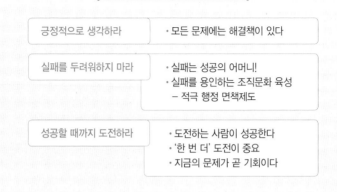

문제를 성공적으로 해결하려면

긍정적으로 생각하라	• 모든 문제에는 해결책이 있다
실패를 두려워하지 마라	• 실패는 성공의 어머니! • 실패를 용인하는 조직문화 육성 — 적극 행정 면책제도
성공할 때까지 도전하라	• 도전하는 사람이 성공한다 • '한 번 더' 도전이 중요 • 지금의 문제가 곧 기회이다

는 다른 무엇보다 실행을 강조하면서 정말 어려울 때 '한 걸음' 더 내디디고, '한 번 더' 도전하는 사람이 성공한다고 말한다.

세계적인 자기 계발 전문가 브라이언 트레이시도 2007년 내한 강연에서 "성공할 사람은 실패를 무릅쓰고 다양한 방법으로 도전하지만, 실패할 사람은 문제점을 지적하며 실행하지 않을 구실만 찾는다."라고 했다. 윈스턴 처칠도 "비관론자들은 모든 기회에서 어려움을 찾아내고, 낙관론자들은 모든 어려움에서 기회를 찾아낸다."라고 했다. 지금의 문제가 오히려 기회가 될 수도 있는 것이다.

이렇듯 성공하는 사람은 방법을 찾지만, 실패하는 사람은 구실을 찾는다. 긍정적인 마인드로 실패를 두려워하지 않고 방법을 찾아 끈기 있게 도전한다면 분명히 성공의 단맛을 볼 수 있을 것이다.

생각을 바꾸면
방법이 보인다

'아, 그거 좋은 줄 누가 모르나? 여건이 안 되니까 그렇지.'

조직의 비전 정립을 위한 논의나 브레인스토밍(brain storming) 같은 아이디어 회의를 할 때 흔히 들을 수 있는 이야기 중의 하나다.

그런데 묘한 직원이 있다. 그는 누군가가 이런 이야기를 할 때마다 '그럼 그 좋은 걸 어떻게 하면 할 수 있을까?'를 생각해 본다고 한다.

즉 '그 좋은 것'이 달성할 만한 목표라면 '안 되다는 여건'은 수단에 불과하므로, 조금만 생각을 바꿔 보면 다른 수단을 찾을 수 있다는 것이다. 이런 직원은 바라보기만 해도 에너지가 느껴지고, 함께 일한다는 자체가 행복하다.

옛날이야기를 하나 해 볼까 한다.

지금부터 800여 년 전인 고려 시대. 당시 발달했던 고려의 귀족문화는 청자와 같은 독창적인 예술품을 만들어 냈으며, 수많은 서적이 필요했다. 이렇게 필요한 책은 손으로 쓴 책을 나무에 뒤집어 붙인 다음 칼로 새겨서 종이에 찍어 내는 목판 인쇄술을 통해 공급되고 있었다.

당시 목판에 글자를 새기고 새긴 목판을 보관하는 방법은 세계 최고 수준이었다.[3] 그러나 목판 인쇄 방법은 몇 가지 문제가 있었다. 새기는 데 많은 인력과 시간이 필요하고, 인쇄가 끝난 목판의 보관 문제와 무엇보다 수요계층이 한정된 관계로 투자된 노력과 비교해 많은 양의 책을 찍을 필요가 없었다는 점이었다.

어느 날, 이 문제를 논의하기 위해 고려왕실에서 어전회의가 열렸다. 왕이 신하들에게 지시한다.

"송과 금 등 중국에서 들어오는 많은 책과 고려에서 만든 다양한 책들을 좀 더 많은 사람이 금방 볼 수 있는 효율적인 방법이 없겠습니까?"

"판에 새기는 것보다 글자 하나하나를 만들어 조립하는 것이 좋을 듯합니다."

다른 신하가 딴지를 건다.

"아, 그렇게 하면 좋은 줄 누가 모릅니까. 조판하다 보면 흔들려서 인쇄도 제대로 안 되고, 나무라서 획이 잘 떨어지고 쉽게 썩을 것 아닙니까?"

이때 긍정적이고 창의적인 신하가 나섰다.

"우리 고려의 뛰어난 주물 기술을 살려서 나무가 아니라 청동으로

---

3 전해지는 대표적인 목판본 팔만대장경판은 2007년에 세계기록유산으로 등재되었고, 이를 보관하던 장경각 건물은 1995년 세계문화유산에 등재되어 우리 선조들의 우수성을 세계에 알리고 있다.

활자를 만든다면 그런 문제는 쉽게 해결할 수 있을 것입니다."

그러자 아까 그 신하가 또 딴지를 걸었다.

"아니, 금속에 먹이 묻기나 합니까? 말이 되는 소리를 해야지. 그냥 장인들 시켜서 목판 인쇄나 하도록 합시다."

"쇠에 묻는 먹을 만들면 될 것 아닙니까!"

여러 시행착오는 있었지만, 드디어 금속활자와 먹이 만들어지고, 소량이지만 다양한 종류의 책들이 금방금방 공급될 수 있었다.

이규보는 1234년경 『동국이상국집』에서 「신인상정예문(新印詳定禮文)」이라는 글을 통해 "50권짜리 상정예문을 금속활자로 28부 찍었다."라는 기록을 남겼다.

인류 최고의 발명품, 금속활자는 우리 선조들의 긍정적인 마인드와 뛰어난 창의력의 소산이다. 뚜렷한 목표가 있고 그것이 정당하다면, 분명 거기에 맞는 수단이 있다.

금속활자

문제가
곧 기회다

"자네는 도대체 문제의식이 없어. 항상 문제의식을 느끼고 있어야지."

오늘도 K 주무관은 상사에게 혼이 났다. 그런데 K 주무관은 '문제의식'이라는 것이 무엇인지 도통 감을 잡을 수 없다. 인터넷 검색을 해 보니 문제의식이란 '어떤 대상에 대하여 문제점을 찾고 그에 적극적으로 대처하려는 인식이나 판단'이라고 나온다. 그래도 잘 이해되지 않는다.

'나도 항상 문제점을 찾아보려고 생각은 하는데….'

K 주무관의 상사가 말하는 문제의식이란 과연 무엇일까?

알기 쉽게 정리하면 문제란 기대치, 즉 이상적인 상태와 현실과의 차이를 말한다. 그러므로 문제를 찾는다는 것은 이 차이를 인식하는 것이고, 문제를 해결한다는 것은 이 차이를 없애는 것이다.

우리 일상은 문제 해결의 연속이다. 배가 고픈 현실을 식사함으로써 해결하는 낮은 수준의 문제 해결에서부터, 우주여행 같은 높은 수준의 이상을 설정하고 이루기 위해 노력하는 것까지, 우리는 늘 다양한 형태의 문제 해결 과정을 겪는다.

'문제의식이 있다, 없다' 하는 것은 일상 속에서 '더 나은 미래'에 대한 생각을 하면서 생활하느냐는 것이다. 문제의식이 있는 사람은 지금 하는 일에 대해 개선할 점이나 더 나은 새로운 방법을 늘 고민하지만, 문제의식이 없는 사람은 현실에 안주하여 변화를 거부한다.

'문제의식이 높다, 낮다' 하는 것은 기대치의 설정 수준에 따라 결정된다. 기대치가 높고 뚜렷할 경우 문제의식이 높다고 할 수 있다. 이런 높은 기대치는 그냥 길러지는 것이 아니다. 평소 열린 마음으로 새로운 지식을 받아들여야 하며, 문제의 본질과 전체를 꿰뚫는 폭넓고 올바른 판단력을 길러야만 한다.

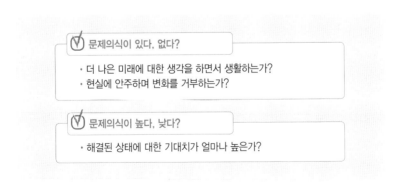

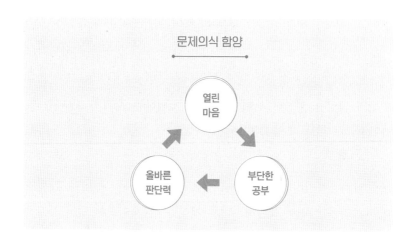

이렇게 문제를 발견하고 해결하는 태도에는 세 가지 유형이 있다. 첫 번째는 제시된 문제를 스스로 인식하여 해결하기보다, 다른 사람에 의해 강제적으로 떠맡는 '소극형'이다. 이 경우 타인이 정한 기대치에 맞추어 해결해야만 하므로 문제에 쫓기게 되고 성취감 또한 적다. 앞서 말한 K 주무관의 경우가 여기에 속한다.

두 번째는 현 상태를 기반으로 문제에 대한 해결책을 찾는 '개선형'이다. 현실 속에서 기대치를 설정하므로, 기대치를 설정하기는 쉬우나 예상외의 높은 성과를 거둘 수는 없다.

마지막은 현 상태에 얽매이지 않고 대담하게 기대치를 설정하는 유형으로 '혁신형', '창조형'이라고 할 수 있다. 발상의 전환이 필요하고, 경험과 사례가 부족하여 기대치의 설정과 조직의 승인을 받기는 어려우나 획기적인 성과를 거둘 수도 있다. 이 유형이 문제의식이 가장 높다고 할 수 있다.

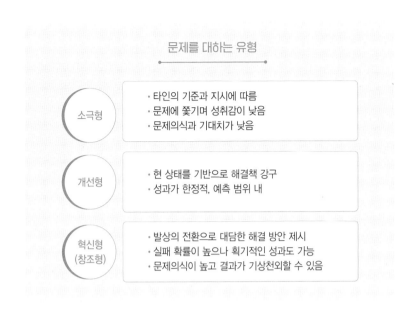

문제를 대하는 유형

소극형
- 타인의 기준과 지시에 따름
- 문제에 쫓기며 성취감이 낮음
- 문제의식과 기대치가 낮음

개선형
- 현 상태를 기반으로 해결책 강구
- 성과가 한정적, 예측 범위 내

혁신형 (창조형)
- 발상의 전환으로 대담한 해결 방안 제시
- 실패 확률이 높으나 획기적인 성과도 가능
- 문제의식이 높고 결과가 기상천외할 수 있음

어느 유형이든 문제를 인식하면, 다음에는 문제를 해결하는 방법을 찾아야 한다. 이를 위해서는 먼저 문제의 원인을 파악해야 한다. 문제가 왜 생겼는지를 다각도로 검토해 그 근원을 치유해야 같은 문제가 또 발생하지 않는다.

다음으로 문제가 해결된 이상적인 기대치를 구체화하도록 한다. 원하는 최선의 상태에 대한 분명한 그림을 그려야 현실과의 차이가 명확해지고, 필요한 자원과 인력을 파악할 수 있으며, 구체적인 실행 방안을 계획할 수 있다.

이렇게 해서 문제 인식과 해결 방안 도출이 끝나면, 가장 중요한 실행이 남는다. 대부분의 문제 해결 과정은 현실과 부딪치는 고통이 수반된다. 이 고통이 싫어서 회피하기 시작하면, 문제가 사라지는

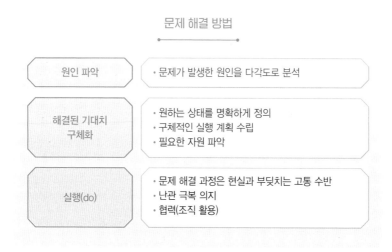

문제 해결 방법

원인 파악	• 문제가 발생한 원인을 다각도로 분석
해결된 기대치 구체화	• 원하는 상태를 명확하게 정의 • 구체적인 실행 계획 수립 • 필요한 자원 파악
실행(do)	• 문제 해결 과정은 현실과 부딪치는 고통 수반 • 난관 극복 의지 • 협력(조직 활용)

것이 아니라 점점 커져서 결국에는 문제에 잡아먹히게 된다. 따라서 처음부터 어떠한 어려움이 있더라도 문제를 극복하겠다는 의지를 다져야 한다.

그리고 우리가 속해 있는 조직이 기본적으로 이런 문제 인식과 해결을 하기 위해 존재한다는 사실도 잊지 말아야 한다. 신뢰를 바탕으로 뭉쳐진 조직원들과 문제를 공유하게 되면 문제에 대한 다양한 해결 방법이 나올 수 있고 문제도 쉽게 해결될 수 있다.

높은 문제의식을 갖는다면, 모든 문제는 곧 기회로 바뀔 수 있다. 익은 사과가 땅으로 떨어진다는 것을 누구나 알고 있었지만, 거기에 '왜(Why)'라는 문제의식을 더한 아이작 뉴턴에 의해 '만유인력의 법칙'이 탄생하게 된 것이다.

누구나
실수를 한다

"실장님…."

시청으로 전입해 온 지 얼마 안 되는 직원이 쭈뼛거리며 들어온다. 표정만 보아도 '무슨 일을 저질렀구나.' 하는 것을 알 수 있다.

진땀을 빼며 자백(?)을 하는데 초보 시절 내 모습이 겹쳐진다. 지금 생각해 보면 아무것도 아닌 것을, 그땐 왜 그렇게 고민하며 마음을 졸였는지.

30여 년 공직 생활을 통해 나름의 보람 있는 일도 많이 했지만, 그만큼 실수도 많이 했던 것 같다. 그러나 돌이켜 보면 그동안 저질렀던 실수가 있었기에, 오늘의 내가 있는 것이 아닌가 싶다.

그래서 인생 후배들을 위해 '실수'에 대한 생각과 대처 방법을 정리해 보고자 한다.

먼저 사람은 누구나 실수를 한다는 사실을 깨달을 필요가 있다. 대부분의 실수는 시간이 지나고 나면 사실 별거 아니었음을 깨닫게 된다. 그러므로 실수는 언제든지 할 수 있고, 해결 방법 또한 분명히 존재한다는 긍정적인 마인드를 지니는 것이 중요하다. 더불어 그것을 극복할 수 있다는 자신감도 함께 가져야 한다.

다음으로, 실수했을 때는 재빨리 인정하는 것이 좋다. 사람들은 실수를 인정하면 다른 사람들이 무시하지 않을까 염려한다. 그러나 실수를 인정하는 것은 실제로는 오히려 강함과 성숙함, 공명정대함을 드러내는 기회가 된다.

사람들은 다른 사람의 실수에 둔감하다. 자기 일이 아닌 이상 크게 관심을 두지 않음은 물론이고 쉽게 잊어버린다. 그러므로 실수에 대해 다른 사람들의 눈치를 너무 볼 필요도 없다.

이렇게 실수를 받아들이기 위해서는 자신의 약점을 인정할 필요가 있다. 자기 약점을 정확히 알고 드러낼 때, 약점을 보완할 대체 수단이나 도움을 줄 사람을 찾을 수 있다. 체면 때문에 약점을 드러내지 않으려고 하는 것이 실수의 원인이 되는 경우가 많다.

약점을 솔직히 인정하는 것은 조직원들의 환심을 사는 좋은 방법의 하나기도 하다. 구성원들과 신뢰를 쌓는 지름길은 전혀 실수하지 않는 완벽함이 아니라, 보통 사람과 똑같이 실수도 하고 그것을 인정함으로써 인간적인 친밀감을 얻어 내는 데 있다고 한다.

상사가 자연스레 실수를 인정할 때, 부하들도 실패에 대한 두려움 없이 과감하게 도전할 수 있다. 약점을 드러낼 때 자연히 장점도 드러나게 되며, 그로 인해 구성원들이 지닌 서로의 장점과 약점이 조

실수에 이렇게 대처하라

누구나 실수를 한다, 두려워 마라
- 실수는 누구나, 언제든지 할 수 있다
- 해결 방법은 분명히 있다

실수(약점)를 인정하라
- 사람들은 다른 사람의 실수에 둔감하다
- 실수나 약점을 드러내는 것이 인간 관계에 도움이 될 수도 있다

실수에 효과적으로 대처하라
- 실수의 원인과 발생된 문제를 정확하게 파악하라
- 적절한 보고와 동료나 상사의 지원을 요청하라
- 기록(백서)을 남겨라

★ 실수하는 것을 두려워하기보다, 도전하지 않는 것을 두려워하자.

화를 이루며 조직 전체가 성장할 수 있다.

그런데 단순히 실수를 인정한다고 해서 문제가 해결되는 것은 아니다. 실수는 누구나 하지만, 효과적인 대처는 아무나 할 수 있는 것이 아니기 때문이다.

실수가 발생했다면, 첫 번째로 해야 할 것이 정확히 사태를 파악하는 일이다. 발생한 문제의 원인과 영향 그리고 이해관계자 등 정확한 현황을 파악하는 것이 해결의 첫걸음이 된다.

다음으로 효율적으로 실수를 알리고, 함께 해결할 조직원을 찾아야 한다. 적절한 시점마다 육하원칙에 따라 보고를 하고, 조직의 동료나

상사의 도움을 받아야 한다. 혼자 해결하려고 동동거리다가 시기를 놓쳐 '호미로 막을 일을 가래로도 못 막는' 경우를 흔히 보게 된다.

또한, 문제가 해결되었으면 기록으로 남겨야 한다. 기록은 후배, 동료들이 같은 실수를 반복하지 않도록 돕는 역할을 한다.[4]

작은 성공은 실패 없이도 가능하다. 그러나 큰 성공의 뒤쪽에는 과거의 쓰라린 실패가 있기 마련이다. 실패와 역경이 없는 드라마가 감동을 줄 수 없듯이, 실수가 없는 인생의 성공은 있을 수 없다. 진짜 두려워해야 할 것은 실수하는 것이 아니라, 도전하지 않는 것임을 명심하자.

사람은 시련을 통해 강해진다

『맹자』「고자편(告子篇)」을 보면 "하늘은 장차 큰일을 할 사람에게 그 일을 감당해 나갈 굳은 의지를 심어 주기 위해 먼저 심신 단련에 필요한 고생을 시킨다(天將降大任於是人也 必先苦其心志 勞其筋骨餓其體膚 空乏其身 行拂亂其所爲 所以動心忍性 增益其所不能)."라는 말이 나온다.

사람이라면 누구나 실패를 경험하고 시련을 겪는다. 시련을 겪는다는 것은 살아 있다는 것을 말하는 것이며, 무언가 도전하고 있음을 뜻한다.

역경과 고난에 처해 있을 때 '왜 나에게 이런 시련이…' 하며 원망하고 회피하기보다는, 이를 겸허히 받아들이고 난관을 돌파하겠다는 마음가짐을 갖도록 하자.

---

4   정부 주관의 실패박람회도 있다. 2018년부터 매년 지역을 순회하며 열리고 있다.

홍보가
일의 절반이다

공직 선배로부터 "아무리 열심히 일해도 알아주지 않으면 소용이 없다. 홍보가 일의 절반이다."라는 말을 들은 경험이 있을 것이다.

행정홍보는 행정 목적 달성을 위해 주민에게 사실과 진실을 알리는 작업이다. 주민에게 행정 활동에 대한 지식을 제공하고, 시책에 대한 잘못된 인식을 개선하며, 신속하게 문제를 해결하고, 적대감을 해소하는 데 목적이 있다.

행정에 대한 신뢰는 정책 추진 과정을 투명하게 공개하고, 주민의 의견이 정책에 반영될 때 쌓인다. 행정기관이 아무리 열심히 일하더라도 주민이 지자체의 활동에 무관심하거나 적대감을 느끼고 있다면, 제대로 된 행정을 했다고 할 수 없다.

그럼 어떻게 하면 행정홍보를 잘할 수 있을까?

첫째, 내부 조직원부터 이해하도록 하라. 수립된 정책이나 발생한 문제는 직원들이 먼저 공유하고 이해해야 한다. 그래야 주민에게 홍보할 수 있다. 모든 조직원이 홍보 선봉자가 되어야 한다.

둘째, 홍보 자료를 준비하라. 사안이 발생하면 필요한 조치를 취한 후에 보도 자료를 작성하는 습관을 들이도록 하자. 보도 자료를 만들다 보면 상황과 문제점 그리고 홍보 포인트 등이 일목요연하게 정리되며, 홍보에 필요한 사진이나 동영상 등도 미리 준비할 수 있다. 벌어진 상황을 주민의 관점에서 바라볼 때 설득력 있는 자료가 만들어진다는 점도 유의해야 한다.

셋째, 인터뷰를 활용하자. 문제가 발생하면 언론에서 찾아와 더 힘들게 한다는 인식 때문에, ‘인터뷰’ 하면 거부 반응부터 보이는 경우가 많다. 그러나 능동적으로 인터뷰를 요청하면 미리 설명 자료를 챙길 수 있고, 논리적인 설명도 가능하므로 행정기관의 사정에 맞는 보도를 유도할 수 있다.

넷째, 브리핑을 정례화하라. 언론 브리핑은 행정기관의 정책과 문제 해결 노력을 홍보하는 중요한 수단이다. 이것을 정례화하면 홍보는 물론 친목을 다지는 계기가 될 수 있다. 공식적인 브리핑에는 브리핑 기법을 갖춘 전문직을 활용하도록 하자.

다섯째, 주요 정책과 이슈는 간담회나 공청회를 활용하라. 민감하거나 숙성되지 못한 정책이나 첨예한 이해관계자가 있는 이슈는 섣불리 해결하려고 하지 말고, 전문가와 언론, 이해당사자가 참여하는 의견 수렴과 토론의 장을 만들어 의견을 경청해야 한다. 이것도 중요한 홍보 수단이다.

여섯째, 행정기관이 가진 홍보 수단을 최대한 활용하라. 주민에게 직접 제공하는 간행물, 리플릿, 반상회보 등은 지자체의 입장에서 정보를 알릴 수 있는 홍보 수단이다. 능력 있는 기획사를 선정하여 신중하게 제작해야 한다. 관에서 주도하는 여론 조사도 좋은 홍보 매체이며, 주요 사업장 공개와 산업시설 방문 등도 훌륭한 현장 홍보 방법이다.

일곱째, 온라인 홍보 수단을 적극 활용하라. 과거의 홍보 매체가 TV나 라디오, 신문 등으로 제한적이었다면, 오늘날에는 인터넷을 활용한 온라인 수단이 다양화되고 있다. 유튜브, 블로그, 카페, 페이스북, 인스타그램 등 대상에 따라 온라인 매체를 적절하게 활용하면 홍보 효과를 높일 수 있다.

여덟째, 정당한 언론의 비판은 적극 수렴하라. 정당한 문제 제기에 대해서는 솔직히 사과하고 문제 해결을 하는 노력을 보여 주어야 한다. 곤란한 문제의 경우 취재 언론과 해결 방안을 함께 찾아보면 문제 해결과 별개로 공감대를 형성할 수도 있다.

아홉째, 오보나 왜곡 보도는 당당하게 대응하라. 언론이 사실관계를 잘못 알거나, 특정 세력에 치우쳐 일방적인 주장을 하면 관련 법규나 현황을 정리하여 해명해야 한다. 악의적으로 보도가 되면 언론중재위원회나 소송 등 피해구제 절차에 따라 당당하게 대응해야 한다.

열째, 홍보부서를 적극 활용하라. 홍보부서는 언론과 지자체를 연결하는 통로이다. 이 부서는 행정을 알리는 것은 물론이고, 언론을 통한 정보를 내부에 제공하는 역할도 한다. 이들은 출입 기자는 물

홍보를 잘하려면

1. 내부 조직원부터 이해하도록 하라
2. 홍보 자료를 준비하라
3. 인터뷰를 활용하자
4. 브리핑을 정례화하라
5. 주요 정책과 이슈는 간담회나 공청회를 활용하라
6. 행정기관이 가진 홍보 수단을 최대한 활용하라
7. 온라인 홍보 수단을 적극 활용하라
8. 정당한 언론의 비판은 적극 수렴하라
9. 오보나 왜곡 보도는 당당하게 대응하라
10. 홍보부서를 적극 활용하라
11. 홍보 효과를 반드시 평가하라

론이고 언론 본사와도 유대를 맺고 있다. 문제가 되는 취재의 경우 즉시 홍보부서와 상의하면 사안이 커지기 전에 해결할 수도 있다.

마지막으로 홍보 효과를 반드시 평가하라. 정책홍보를 했다면 반드시 여론을 파악하고, 발견된 문제점을 보완하여 피드백해야 한다. 성공은 물론 실패한 홍보도 평가하고 기록을 남겨야 더욱 효과 있는 홍보를 할 수 있다.

홍보와 관련하여 조심할 점도 있다.

첫째, 한목소리가 나와야 한다. 같은 사안을 두고 관련 부서마다 서로 다른 소리가 나오게 되면 기관의 신뢰가 손상된다. 부서 간에 이견이 있을 때는 외부에 알려지지 않게 조심하고, 책임자가 주관하는 회의를 거쳐 기관의 공식적인 입장을 정해야 한다. 발표 창구도 일원화하여 일관성 있게 대응해야 한다.

둘째, 취재 대응은 직책과 관계없이 기관을 대표하기 때문에 언행을 조심해야 한다. 상대가 있는 사안의 경우 불필요한 언급을 삼가고, 정치 이슈에 대한 의견은 최대한 절제해야 한다.

셋째, 취재 기회는 모든 언론에 공정하게 제공해야 하며, 오프 더 레코드는 지켜지지 않을 수도 있다는 점을 유의하자.

행정의 내용을 주민들에게 정확하게 알리는 것은 행정기관의 책임이자 의무이다. 효율적으로 정책이 추진되기 위해서는 수립, 실행, 평가 등 행정의 모든 단계에서 체계적인 홍보 방안이 함께 마련되어야 한다.

행정과 홍보는 반드시 함께 가야 한다. 그래서 홍보가 일의 절반인 것이다.

보고는
타이밍이다

　신입인 이 주무관은 출근하는 것이 두렵다. 오늘 또 과장님이 무슨 지시를 할지 모르기 때문이다. 그런데 앞자리에 앉은 입사 2년차인 김 선배는 항상 싱글벙글이다. 어찌 그리 과장님의 의중을 잘 아는지 보고할 때마다 칭찬을 듣고, 과장님과 편하게 농담까지 하는 것을 보면 부럽기 짝이 없다.

　저녁을 같이하면서 용기를 내어 김 선배에게 비결을 물어본다. 그러자 친절한 김 선배, 한마디로 정리해서 설명한다.

　"보고만 잘하면 돼. 특히 타이밍이 제일 중요해."

　이 주무관은 선배의 말을 듣고 그동안 보고에 소홀했음을 깨달았다.

　그럼 어떻게 하면 타이밍 있게 잘 보고할 수 있을까?

　첫째, 사안 자체가 보고할 사안인지, 아니면 직원 수준에서 정리해도 되는 사안인지를 판단해야 한다. 물론 그 기준은 상사의 관점에서 판단해야 하는데, 평상시 권한 위임의 정도와 보고 수준에 대해서 상사와 의논할 필요가 있다.

둘째, 보고할 사안이라면 그것이 계획된 것인지, 아니면 새롭게 생긴 것인지에 따라 대처하는 방법이 다르다. 사전에 계획되어 있던 일이라면 계획 단계에서부터 상사에게 보고할 시점을 별도로 체크해 두어야 한다. 장기사업의 경우 중간중간 보고해야 하는데, 상사의 성격을 고려하여 상사가 궁금해할 시점을 잘 판단하는 것이 중요하다.

문제는 계획에 없던 상사의 지시나 갑자기 생긴 일을 보고해야 할 때다. 이때는 빠지는 것이 있더라도 빨리 보고하는 것이 중요하다. 보고하면서 세부적으로 추가 지시나 결정을 받아야 실수가 없고 책임을 면할 수 있기 때문이다. 미리 지시받을 사항을 정리해 가면 더 효과적이다.

셋째는 '빨리 보고' 하는 것인데, 이것이 가장 중요하다. 이렇게 보고 시점이 중요한 이유는, 업무의 주도권 문제가 달려 있기 때문이다. 보고자가 먼저 보고하는 경우와 호출을 받고 불려 와 보고하는 차이를 생각해 보면 쉽게 이해할 수 있다.

먼저 상사의 '재촉을 받고' 보고하는 경우를 상상해 보자. 이는 상사가 나름대로 사안에 대해 생각을 한 다음에 부른 것이기 때문에 주도권이 상사에게 있다. 상사의 예측하지 못한 질문을 받게 된 직

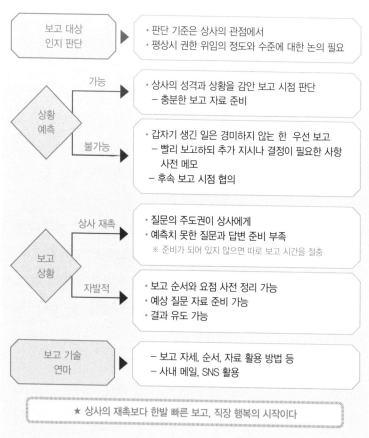

보고 잘하는 방법

보고 대상 인지 판단	• 판단 기준은 상사의 관점에서 • 평상시 권한 위임의 정도와 수준에 대한 논의 필요

상황 예측

가능
• 상사의 성격과 상황을 감안 보고 시점 판단
 – 충분한 보고 자료 준비

불가능
• 갑자기 생긴 일은 경미하지 않는 한 우선 보고
 – 빨리 보고하되 추가 지시나 결정이 필요한 사항 사전 메모
 – 후속 보고 시점 협의

보고 상황

상사 재촉
• 질문의 주도권이 상사에게
• 예측치 못한 질문과 답변 준비 부족
 ※ 준비가 되어 있지 않으면 따로 보고 시간을 절충

자발적
• 보고 순서와 요점 사전 정리 가능
• 예상 질문 자료 준비 가능
• 결과 유도 가능

보고 기술 연마
 – 보고 자세, 순서, 자료 활용 방법 등
 – 사내 메일, SNS 활용

★ 상사의 재촉보다 한발 빠른 보고, 직장 행복의 시작이다

원은 당연히 제대로 답변하지도 못한다. 그러면 상사는 직원에 대한 신뢰가 떨어져 자주 진행 상황을 점검하게 되며, 직원은 점점 자신 감이 떨어진다. 악순환이 시작되는 것이다.

따라서 재촉을 받더라도 바로 보고할 준비가 되어 있지 않거나 시간이 없다면, 상사에게 사정을 말하고 보고를 좀 늦춰도 되는지 양해를 구하는 것이 현명하다.

반면에 '먼저' 보고를 하는 경우를 상상해 보자. 보고하는 순서와 요점을 사전에 준비할 수 있어 논리적인 전달이 가능하며, 예상되는 질문에 대한 자료도 사전에 준비할 수 있어 상사 앞에 자신 있게 나서게 된다. 이를 통해 상사의 신임과 함께 일 잘한다는 평판을 얻을 수 있다.

또 자기가 원하는 방향으로 자연스럽게 상사를 유도하는 효과도 있다. 따라서 무조건 상사가 원하는 시점보다 빨리 보고하는 것이 중요하다. 특히 문제가 큰 사안일수록 즉시 보고해야만 대처 방향을 빨리 정할 수 있어 적절한 수습이 가능해진다.

네 번째, 보고하는 데도 기술이 필요하다. 우선 보고 자세부터 갖추어야 한다. 자신 있는 목소리와 꼿꼿한 자세로 결론을 먼저 간단 명료하게 언급한 후 근거와 세부 사항을 밝혀야 한다. 수치화·객관화된 자료를 내세워 보고하면 신뢰성을 준다.

마지막으로 보고 수단을 다양화할 필요가 있다. 정식 문서 외에도 긴급한 사항이나 간단한 상황 보고는 사내 메일이나 SNS를 이용하도록 한다. 정말 급할 때는 엘리베이터를 타는 짧은 시간을 이용해서라도 개략적인 보고를 해야 한다. 아무리 바쁜 상사라고 해도 적절한 타이밍에 비집고 들어오는 직원을 피하려고 하지 않는다. 오히려 남들은 쉽게 하지 못하는 시기에 적절하게 보고하는 능력을 높이

평가한다.

이렇게 보고를 잘하려고 노력하다 보면 자연히 업무 처리 능력도 좋아지게 된다. 상사의 재촉보다 한발 빠른 보고 습관이 직장 행복의 시작이다.

'진짜'
회의를 하자!

매일 아침 회의로 업무가 시작된다. '오늘은 무슨 이야기로 시간을 보낼까?' 생각하며 수첩을 챙긴다. 회의 탁자에 둘러앉아 그날 신문에 난 이야기나 각자 자기 업무 이야기를 꺼낸다. 다른 참석자들은 듣는 것 같지도 않다. 사실 다른 참석자의 의견이 필요한 자리도 아니다.

아침 회의가 끝나고 문을 나서면서 또 속으로 되새긴다. '아침부터 이 무슨 시간 낭비냐. 정작 바쁜 일 다 놔두고….' 그것을 아는지 모르는지, 내일 아침에도 똑같은 회의가 시작될 것이다.

이 이야기를 읽으면서 "어, 우리 부서와 똑같네." 하는 분들도 있을 듯싶다. 이런 회의의 특징 중 하나가 사전에 준비한 안건이 없다는 것이다. 즉 '회의를 위한 회의'인 경우가 대부분이다. 어쩌면 담당 업무가 없는 관리자로서 회의하지 않으면 일을 하지 않은 것 같은 강박감이 작용한 결과이기도 하다.

그래서 관리자가 반드시 알아야 할 '진짜 회의'에 대해 고민해 보고자 한다. 사실 회의란 참가자가 같은 공간과 시간을 공유한다는 특성 때문에 매우 비효율적인 소통 방법의 하나다. 그래서 가장 먼저 고려할 사항이 '이 회의를 꼭 해야 하는가?' 하는 것이다.

앞에서 예를 든 경우와 같이 일상적으로 하는 회의라면 보통은 '할 필요가 없다'라는 결론에 도달한다. 단순한 전달 사항이나, 결론이 이미 나와 있는 경우에는 이메일이나 문서로 알리는 것이 훨씬 효율적이기 때문이다.

대신 회의해야 한다는 결론이 나오면 사전 준비를 철저히 해야 한다. 회의의 배경(개최 경위)과 목적(이유), 목표(결과물), 의제(논의할 사항), 개요(순서) 등을 정리해 전체 흐름을 먼저 정리한다. 다음으로 참석자와 시간, 장소, 자리 배치, 빔프로젝터 등의 설비를 결정한다.

회의 시작 전에 참석자에게 논점이 명확하게 설명된 자료와 함께 소요 시간을 알려 주고, 정해진 시간에 참석하도록 한다. 참석자들의 역할도 정리해서 보내 주는 것이 효율적인데, 이 과정을 통해 빠진 참석자나 불필요한 참석자가 걸러지기도 한다. 관련 없는 사람이 회의에 참석하면 필요한 결과를 얻는 데 시간이 걸릴뿐더러, 조직 차원에서 시간 낭비를 가져온다.

회의하는 데 필요한 기술도 있다.

회의는 구체적인 결론을 내야 하므로 계획된 시간을 적절하게 배분할 필요가 있다. 그래야 시간 부족 현상을 막고, 한 가지 주제에

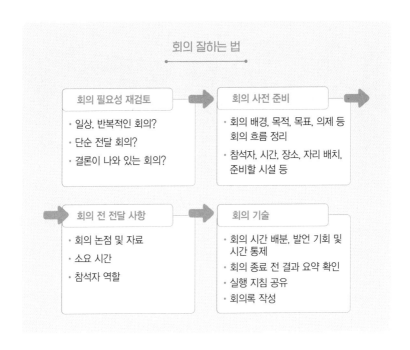

회의 잘하는 법

회의 필요성 재검토
· 일상, 반복적인 회의?
· 단순 전달 회의?
· 결론이 나와 있는 회의?

회의 사전 준비
· 회의 배경, 목적, 목표, 의제 등 회의 흐름 정리
· 참석자, 시간, 장소, 자리 배치, 준비할 시설 등

회의 전 전달 사항
· 회의 논점 및 자료
· 소요 시간
· 참석자 역할

회의 기술
· 회의 시간 배분, 발언 기회 및 시간 통제
· 회의 종료 전 결과 요약 확인
· 실행 지침 공유
· 회의록 작성

치우치거나 한 사람이 독점적으로 발언하는 것을 통제할 수 있다. 회의 종료 전에 결정된 내용을 요약해 다시 한번 확인하고, 이후 실행할 담당별 지침도 공유해야 한다. 회의가 끝나면 이른 시일에 회의록을 작성해 공람하도록 한다.

회의 참가자들의 역할도 중요하다.

참석 전에 회의 목적에 적합한 정보를 수집하는 등 '자신의 의견'을 준비해야 한다. 또한, 참석했다면 반드시 발언해야 한다. 회의 때 발언하지 않는 것은 결석한 것과 마찬가지이다. 회의 구성원이라면 회의에 이바지할 의무가 있는 것이다.

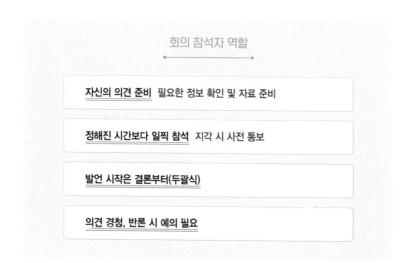

정해진 시간보다 회의 장소에 일찍 도착해야 한다. 부득이 늦는다면 미리 통보해야 다른 참석자들이 시간을 낭비하지 않는다. 그리고 회의 중에는 정해진 조건에 따라 논리적으로 의견을 제시하되, 항상 실행을 염두에 두어야 한다.

발언하거나 질문에 대답할 때는 결론부터 말하는 것이 회의 발언의 요령이며, 모르면 모른다고 솔직하게 밝혀야 한다. 또한 다른 사람의 의견을 잘 경청하고, 반론할 때도 상대방의 기분이 나쁘지 않도록 주의한다.

회의 주재자의 역할도 중요하다.

아무리 회의를 잘 준비했다고 해도 의견이 나오지 않거나, 한 참가자가 발언을 독점하거나, 논점에서 이탈하거나, 의견 대립이 감정싸움으로 번지는 등 문제가 발생할 수 있다. 이때는 회의 목적을 상기시키고, 단호하게 통제해야 한다. 문제 발생 때 바로 적용할 수 있는 가상 상황을 예측하여 대처해야 한다.

그러나 이런 회의 기술보다 우선되어야 하는 것이 관리자의 회의에 대한 자세이다. 고집이 세고 독단적인 관리자 앞에서는 직원들이 자기 의견을 제시하지 않는다. 고집 센 그를 설득할 수 없다는 것을 잘 알기 때문이다. 결국, 관리자의 입맛에 맞는 이야기만 하게 된다. 회의 문화의 변화를 위해서 관리자의 의식 변화가 선행되어야 하는 이유이다.

관리자는 참석한 직원들이 자유롭게 자기 의견을 표현하고 서로의 의견을 교환할 수 있는 분위기를 조성해야 한다. 관리자가 너무 많은 발언을 하거나 함부로 끼어들거나 독단적으로 결론을 내리는 모습을 보인다면 발언을 하지 않게 된다. 회의하는 자리가 너무 엄숙하다고 생각되면, 혹시 직원들이 관리자의 눈치를 보고 있는 건 아닌지 돌아볼 필요가 있다.

관리자가 회의 시 유념할 사항

- ☑ 너무 많은 발언을 하지 않는가?
- ☑ 참석자들이 발언하는 데 자주 끼어드는가?
- ☑ 독단적으로 결론을 내리는가?
- ☑ 회의장 분위기가 너무 엄숙한가?

끝으로, 직장인들이 진짜 원하는 것은 '쓸데없는 회의를 하지 않는 것'이라는 점을 다시 한번 되새겨 볼 필요가 있다. 횟수는 줄이고, 시간은 짧게, 그리고 결론은 명확한 진짜 회의를 하자.

쓸데없는 회의

아침 일찍 출근한 김 과장, 언제나 그렇듯이 주무 팀장을 부른다.

"어이, 김 팀장! 팀장들 다 오라고 해. 티타임하게. 박 주무관은 차 준비 좀 하고."

아침에 차 한 잔이 직원들을 편하게 해 준다는 생각을 하는 김 과장, 팀장들이 모이면 웃으면서 말한다.

"자, 차 들어. 음…. 오늘 신문에 이런 게 났네. 다른 부서 일이긴 하지만 어떻게 생각해?"

급한 보고서를 준비 중인 최 팀장이 속으로 구시렁거린다.

'우씨, 이런 말하려고 불렀나? 우리 과장, 보탬이 안 돼요.'

차 준비하는 박 주무관도 마찬가지.

'오전 중으로 보고는 하라면서 아침부터 이런 일이나 시키고….'

침이라도 뱉어서 가지고 가고 싶은 심정이다.

한 시간이나 붙들고 잡담을 한 김 과장.

"자, 이제 일해야지. 가서 일 보세요."

멋지게 미소를 지으며 김 과장은 생각한다.

'오늘도 직원들과 즐거운 소통을 했구나. 나같이 훌륭한 관리자는 아마 드물 거야.'

어느새 오전이 다 지나가고 있다.

불만 민원
이렇게 해결하자

2005년 인구 5만에 가까운 큰 동으로 발령을 받았다. 예전에 있던 동보다 직원도 많고, 민원인도 많이 방문한다. 가지 많은 나무에 바람 잘 날 없다더니 이러저러한 민원인들의 불만도 자주 제기된다. 인터넷이 생활화되어서인지 불만 사항이 즉각 상급부서의 인터넷 게시판에 올라가는 바람에 해당 직원은 물론이고 나 또한 스트레스를 꽤 받는 편이다.

어느 날 출근을 하니 민원실 직원이 쭈뼛거리며 결재판을 내민다. 민원인에게 반말했다는 불만이 적힌 인터넷 게시판의 글을 가지고 혼나러 온 것이다. 평소 얌전한 직원이어서 그런 쪽으로는 생각도 못 했던 터라 당황스러웠다. 직원도 왜 이런 일이 발생했는지 모르고 있어 더 안타까웠다.

이런 일이 가끔 벌어지는 것 같아 직원들과 민원 처리 자세에 대해 회의를 하고 그것을 정리해 보았다.

먼저 주민의 불만 표출을 우리 동에 관심이 많아서 그런 것이라고 받아들이도록 하자. 즉, 시간을 내서 부족한 사항을 지적해 준 것에 고마워하는 긍정적인 마음을 갖자는 것이다.

또한, 제기한 민원의 옳고 그름을 내 기준이 아닌 민원인의 입장에 서서 판단하도록 하자. 내 잘못이 있는 경우는 물론이고 내 주장이 옳더라도 내 말투나 자세에서 불편함을 느낄 수도 있다는 점을 명심하도록 하자. 즉 기본적으로 '민원인이 옳다'는 마음가짐을 갖자는 것이다.

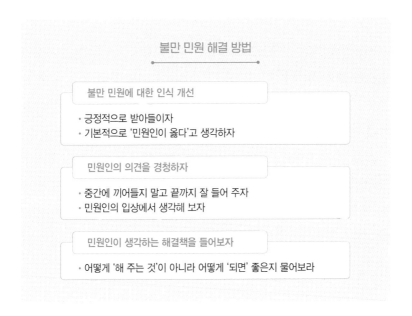

불만 민원 해결 방법

불만 민원에 대한 인식 개선
· 긍정적으로 받아들이자
· 기본적으로 '민원인이 옳다'고 생각하자

민원인의 의견을 경청하자
· 중간에 끼어들지 말고 끝까지 잘 들어 주자
· 민원인의 입상에서 생각해 보자

민원인이 생각하는 해결책을 들어보자
· 어떻게 '해 주는 것'이 아니라 어떻게 '되면' 좋은지 물어보라

그다음 주민의 불만 사항을 끝까지 정중하게 들어 주자. '잘 듣기'는 무엇이 잘못인지 파악하는 기본이 되며, 주민의 분노를 해소하는 첫 단추가 되므로 가장 중요하다. 주의할 사항은 주민이 불만을 터트리고 있을 때 오해가 있거나 잘못이 있어도 중간에 끼어들지 말라는 것이다. 그런 다음 이렇게 말하도록 하자.

"그것이 전부인가요? 혹시 다른 불만은 없으십니까?"

이것은 당사자의 분노를 모두 분출하도록 하는 역할을 한다. 만일 없다는 대답이 나오면 최종적으로 이렇게 질문해 보자.

"그럼 어떻게 되면 만족하시겠습니까?"

여기에서 '어떻게 해 드리면'이 아니라 '어떻게 되면'이라는 말에 주목하자. 내가 시혜자의 관점에서 해 주는 것이 아니라 동등한 입장에서 더 나은 결과를 함께 상상하고 같이 해결하자는 말이다.

물론 업무가 많은 부서에서는 인내력과 시간이 요구되는 이 과정이 쉽지는 않을 것이다. 하지만 우리가 합의한 이런 주민 불만 대응 방법은 가식적인 태도나 단순한 말장난을 하자는 것이 아니라 정말 고마운 마음을 가지고 주민의 입장에 서서 불만을 해결하자는 것이다.

그럴 때 그 주민은 우리 편이 될 것이고 적극적으로 행정에 참여할 것이다. 주민 감동은 불만을 해결하는 과정에서도 나올 수 있다는 믿음을 되새겨 본다.

주민에게
감동을 주는 행정

"우리 지역 주민센터는 직원들이 너무 딱딱해. 조금 멀더라도 옆 동에 가서 민원을 봐야겠군."

이게 무슨 소린가 싶겠지만, 전자정부의 출현으로 주민이 원하는 곳에서 민원 처리가 가능해지면서 자연스레 나올 수 있는 말이다. 즉, 서비스의 질에 따라 행정기관도 평가받는 시대가 되고 있는 것이다.

사실 서비스 개념은 공급이 수요를 초과하고 소비자들의 파워가 증대되면서 '고객 만족' 없이는 살아남을 수 없다는 의미에서 민간 부문에서 일찍부터 강조됐다. 이런 고객 만족은 더욱 심해지는 경쟁 속에서 기업의 존립을 위해 고객 감동에서 고객 충성으로 업그레이드되고 있다.

고객 만족, 고객 감동, 고객 충성은 비슷하게 느껴지는 말이지만 분명 차이가 있다. 주민이 주민센터에서 인감증명서를 발급받으려고 하는 경우를 예로 들어 설명해 보자.

고객을 기준으로 하여 고객의 기대치에 해당하는 서비스를 제공할 때 고객은 만족하게 된다. 즉 친절하고 신속하게 인감을 발급받았을 경우, 주민은 만족한다.

고객 감동은 고객의 기대치를 넘어 생각하지 않고 있던 서비스를 제공할 때 나타난다. 즉 인감 사용 용도가 부적절하거나 이상할 경우, 주의를 당부하고 직접 사용처에 확인까지 해 주면 주민은 감동하게 된다.

고객 충성은 고객이 고객의 수준에 머무는 게 아니라 기업의 입장에 서서 좋은 제안도 하고 적극적으로 홍보도 하는 상태를 말한다. 즉 해당 직원이나 주민센터에 대해 공개적으로 칭찬하는 글을 올리거나, 다른 문제가 생겼을 때 적극적으로 나서서 같이 해결하려고 앞장서는 경우를 말한다.

그동안 공공 분야에는 민간시장과 달리 경쟁이라는 개념이 존재하지 않았고 독점적 성격을 지니고 있어서 고객이라는 개념에 대해 심각하게 생각하지 않았던 것도 사실이다. 물론 행정기관에서의 고객이란 당연히 주민을 의미한다.

그러나 이제 주민은 더 이상 일방적으로 혜택을 받기만 하는 대상에만 머무르는 것이 아니라, 그들의 욕구를 인터넷, NGO 등을 통해 당당하게 표출하면서 공공 부문을 압박하고 있다. 이에 따라 공공 부문과 민간 부문의 경계가 희미해져 가고 있으며, 민간 부문의

고객 감동 경영의 제1원칙 = '종업원 만족'

시장 경제 원리가 공공 부문에 많은 영향을 미치고 있다.

인터넷의 발달로 주민등록, 지방세 납세증명, 토지대장 등 각종 민원서류의 신청과 발급이 온라인화되어 어느 행정기관에서든지 발급받을 수 있게 되었다. 이러한 전자정부의 실현은 공간적·시간적인 민원 업무의 제약을 없앰으로써 새로운 방식으로 행정기관 간 경쟁을 유도하고 있다.

따라서 우리가 흔히 말하는 신속, 정확, 공정이라는 업무 차원에서의 주민 만족 행정은 여기에 정(情)을 함께 주는 주민 감동 행정으로 업그레이드할 필요가 있다.

이를 위해 먼저 필요한 것이 바로 내부 직원의 참여와 열의이다. 고객 만족 경영의 제1원칙이 '종업원 만족부터(Employee First)'이듯이 고객, 즉 주민을 직접 상대하는 직원에 대한 인정이 필요하다.

목표 설정 과정의 참여와 권한의 이양 그리고 업무 결과에 대한 공정한 평가와 보상 시스템이 우선 정비되어야 한다. 이를 통해 만족한 직원들이 앞장서서 주민 감동 서비스를 펼치고 이 서비스를 받은 주민들이 이를 다시 공공 부문에 되돌려줄 때, 주민과 공공기관의 행복지수는 함께 올라갈 것이다.

행정기관의 서비스 수준이 민간 부문보다 높다는 평가를 받았으면 한다.

행복을
주는 민원 처리

사회생활을 하다 보면 누구나 이러저러한 부탁을 받게 된다. 당사자가 직접 부탁을 하는 경우도 있고, 알음알음 아는 사람을 통하기도 한다. 이 중에는 쉽게 들어줄 수 있는 부탁도 있고, 들어주기 곤란한 부탁도 있다.

이런 부탁을 어떻게 처리하느냐에 따라 인간관계가 더 좋아지기도 하고, 어떨 때는 원수지간이 되기도 한다. 또한 부탁을 거절해도 "그 사람 좋더라." 하는 평판을 받는 경우가 있는가 하면, 어떤 경우에는 들어주고도 욕을 먹기도 한다.

돌이켜 보면 그동안 공직 생활을 하며 겪은 무수한 민원들이 일상생활에서 겪는 '부탁'과 유사하지 않은가 생각된다. 그래서 그간의 경험을 토대로 '부탁(민원) 잘 들어주는 방법'을 정리해 보았다.

민원 처리에 앞서 필요한 것이, 어떤 민원이든 긍정적으로 처리하겠다는 마음가짐을 갖는 일이다. 민원의 내용이 어떻든 간에 민원인으로서는 그 일로 인해 어려움을 겪고 있으므로, 반드시 해결되기를 바란다.

따라서 역지사지의 마음으로 민원인의 처지에서 사건을 바라보고, 진심으로 경청하며, 적극적으로 해결하려고 노력하는 모습을 보일 때 민원인은 감동하게 된다. 민원인이 '이 사람이 내 편이 되어 일해 주려고 하는구나.'라고 느끼게 되면 그것만으로도 민원이 해결되기도 한다.

그러나 아무리 민원인의 처지에서 민원 처리를 한다고 해도, 기본적으로는 법과 원칙에 따라 처리해야 한다. 처음에 힘들다고 불합리한 민원에 굴복하게 되면, 반드시 후에 더 큰 어려움을 겪게 되기 때문이다.

다음은 민원 처리 방법이다.

필자는 민원이 들어오면 먼저 민원의 성격에 따라 네 가지로 구분한다. 첫째, 즉시 처리가 가능한 민원, 둘째, 예산 확보 등 시간이 걸리는 민원, 셋째, 공감은 되지만 법 개정 등 어려운 절차가 필요한 민원, 넷째, 법과 상식에 어긋나서 불가능한 민원이다.

즉시 처리가 가능한 민원은 빠른 시일 안에 처리해야 한다. 이런 민원을 가지고 어려운 것을 해결하는 것처럼 생색을 내서는 안 된다. 민원을 처리해 주고도 나중에 좋은 소리를 듣지 못하는 경우가 생기기 때문이다.

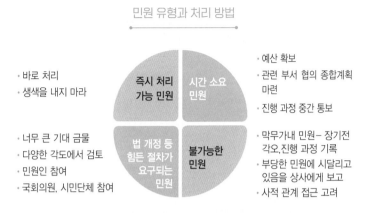

민원 유형과 처리 방법

- 바로 처리
- 생색을 내지 마라

즉시 처리 가능 민원

시간 소요 민원

- 예산 확보
- 관련 부서 협의 종합계획 마련
- 진행 과정 중간 통보

- 너무 큰 기대 금물
- 다양한 각도에서 검토
- 민원인 참여
- 국회의원, 시민단체 참여

법 개정 등 힘든 절차가 요구되는 민원

불가능한 민원

- 막무가내 민원 – 장기전 각오, 진행 과정 기록
- 부당한 민원에 시달리고 있음을 상사에게 보고
- 사적 관계 접근 고려

처리하는 데 시간이 걸리는 민원은 관련 부서와 협의하여 일정 계획을 수립하여 추진한다. 아울러 민원인에게 예산 확보나 행정 절차 과정에 따라 적절한 시점마다 진행 상황을 알려 주는 것이 중요하다. 일정표에 통보일을 표시해 두는 것도 좋은 방법이다.

법 개정 등 처리가 어려운 민원은 민원인을 참여시킬 필요가 있다. 지역 국회의원이나 관련 시민단체를 동원하는 등 다양한 접근이 필요하므로, 처음부터 너무 큰 기대를 하게 하면 안 된다. 또한, 이런 민원일수록 이해가 충돌되는 경우가 많아 섣불리 접근하다가 더 큰 문제를 일으킬 수도 있으므로 처음부터 다양한 각도에서 검토해야 한다.

법과 상식에 어긋난 경우는 억지 주장인 경우가 대부분인데, 사실 이런 막무가내 민원이 제일 해결하기 어렵다. 종교적·정치적 신념을 지키기 위해 범행을 저지르는 확신범같이 스스로 정한 명분과 의미에

몰입된 민원인의 경우, 정상적인 방법으로 설득이 되지 않는다.

이럴 때는 장기전으로 갈 생각을 해야 한다. 진행 상황에 대한 기록을 철저히 남기고, 상사나 이해관계자에게 충분히 내용을 설명하여 부당한 민원에 시달리고 있음을 어필하는 것도 중요하다. 필요하다면 민원인의 친지나 친구 등 사적 관계를 활용하여 설득하는 것도 한 방법이다.

사람들은 누구나 부탁을 하고, 부탁을 들어주며 살아간다. 이런 부탁들은 얼마나 어떻게 잘 처리하느냐도 중요하겠지만, 어떤 마음으로 처리하느냐가 더욱 중요한 듯싶다. 내 일을 하는 마음으로 웃으면서 부탁(민원)을 처리하면, 우리 사회의 행복 총량이 훨씬 커지지 않을까 한다.

악성 민원 대처 방안 마련

공직에 들어온 새내기들이 제일 힘들어하는 것이 악성 민원 대처. 경험이 없는 상태에서 악성 민원인의 비상식적인 행동을 겪다 보면 혼란스러울 수밖에 없다. 이명이나 불면증 등 스트레스 증상으로 퇴직까지 고민하기도 한다.

강력한 입법과 경찰 대응 등 공권력 강화가 필요하며, 지자체에 전담팀을 구성하여 직원 피해 구제 및 악성 민원 관련 고발, 고소 업무를 대행할 필요가 있다. 여기에는 공무원노조가 함께하면 효과적이다.

◆ 악성 민원 유형

  −진정서 제출(감사 요구) : 상급 기관, 감사원, 국민권익위 등

  −지속적인 정보 공개 청구

  −과도한 손해배상 청구, 행정소송

  −불필요한 현장 출장 요청 : 불법 주정차, 청소 등

  −막무가내식 기관장실 점거, 고성, 기물 파손 : 폭력배, 주취자 등

잘 쉬는 직원이
일도 잘한다

얼마 전 직원들의 연간 평균 연가일수가 10일이 되지 않는 것을 보고 놀란 적이 있다.

공무원은 1년에 20여 일의 연가를 사용할 수 있지만, 현실적으로 업무의 지속성과 과중함, 그리고 일부는 상사의 눈치를 보느라 연가를 제대로 사용하지 못하고 있는 것 같다.

물론 연가 보상금으로 보전해 주긴 하지만 몇 가지 이유에서 연가는 꼭 사용해야 한다고 생각한다.

첫째, 흔히 말하듯이 업무에 지친 몸과 마음을 새롭게 충전하는 기회가 된다. 다람쥐 쳇바퀴 돌 듯 집과 사무실을 오가며 지내던 삶에 변화를 줌으로써 새로운 활력소가 될 수 있다.

둘째, 업무를 재점검하는 기회가 된다. 계획된 휴가를 위해서는 업무를 미리 처리하거나, 순서에 따라 분류하는 등 업무를 되돌아보

	삶에 변화를 주는 재충전의 시간
휴가	업무 재점검 및 정리 기회
	동료의 업무와 애로 사항을 공유하는 기회

고 정리하는 기회를 가질 수 있다.

셋째, 동료 직원과의 유대 강화와 업무의 폭을 넓히는 기회가 된다. 휴가로 인한 공백을 초래하지 않기 위해 대행자의 업무까지 알아야 하며, 이는 동료 직원의 어려움을 이해하는 좋은 계기가 된다.

그렇다면 휴가는 어떻게 즐겨야 할까?

먼저 정기적으로 휴가를 사용하자. 분기별로 3일 정도 몰아서 쓰는 것을 추천한다. 주말을 이용하면 5~6일이 된다. 자연스레 집에만 있기는 어려워 친구나 가족들과 여행 계획을 짜게 된다.[5] 또한, 이 정도 기간은 되어야 휴가 가기 전에 업무를 정리하고, 대행하는 동료의 업무를 신경 써서 배우게 된다.

그다음 휴가 주제를 정하도록 하자. 문화유산 답사도 좋고, 지리

---

5 1980년대 중반 당시 노태우 내무부 장관은 분기별로 3일간 강제 휴가를 실시했다. 이 지시 때문에 상사의 눈치를 보지 않고 친구들과 휴가 계획을 짜서 전국을 돌아다녔는데, 이때 아이들과 좋은 추억을 많이 만들 수 있었다. 또한, 상사의 눈치를 보느라 퇴근을 미루는 것도 금지했는데, 퇴근 시간 이후에 정부청사에서 전화로 확인하기도 했다.

효과적인 휴가 방법

| 분기별 3일 이상 | 휴가 주제 등 미리 계획해서 | 가족·친구와 함께 가자 |

산 종주 계획도 좋고, 그냥 푹 쉬는 휴가여도 좋다. 아주 1년 치 휴가 계획을 연초에 세워 보자. 계획을 세우는 과정도 즐거움이 가득할 것이다.

가족·친구와 함께하는 휴가가 되도록 하자. 휴가는 가족이나 친구들과 정을 나누고, 유대를 다지는 좋은 기회이다. 부모님께 효도하는 시간도 가져 보고, 아이들에게 현장 교육도 해 주자. 친구들과 모험도 즐기고, 부부 생활에도 새로운 변화를 주도록 하자.

갈수록 '삶의 질'이 우선 가치가 되고 있다. 직장을 선택할 때 급여보다 근무 환경을 더 중요시하고, 주 4일 근무제까지 논의되고 있다. 일과 삶의 균형(워라밸, Work-life balance)이 요구되는 시대인 것이다.

열심히 일한 당신, 휴가를 떠나라. 제대로 쉴 줄 아는 직원이 일도 잘한다.

1. 나는 지금 무슨 일을 하고 있는가? 이 일을 왜(why), 무엇을(what), 어떻게 (haw) 하고 있으며 어떤 효과를 기대하고 있는가?

2. 나는 지금 남이 시킨 일이 아니라 '내 일'을 하고 있는가?

3. 지금 너무 바빠서 정작 중요한 일을 못 하는 건 아닌가? 나는 일을 장악하고 있는가? 일하는 순서가 정의되어 있는가?

4. 나는 문제가 생기면 해결 방법을 찾는가, 아니면 핑계와 구실을 찾는가? 문제를 기회라고 생각하는가?

5. 나는 모든 실수에는 해결 방법이 있다고 생각하는가?

6. 내가 한 일을 잘 알리고 있으며, 그에 맞는 평가를 받고 있는가?

7. 나는 보고 타이밍을 잘 맞추고 있는가? 매번 상사의 부름을 받고 보고하러 가지는 않는가?

8. 나는 쓸데없는 회의가 아닌 '진짜 회의'를 하고 있는가?

9. 나는 민원 처리를 하면서 주민에게 감동과 행복을 주고 있는가?

10. 나는 적절한 휴가를 통해 일과 삶의 균형을 맞추고 있는가?

존경받는
공직 리더가 되는 법

○

리더가 직원들과 올바른 관계를 맺었다고
모두 성공하는 것은 아니지만,
올바른 관계가 바탕이 되지 않고는 성공할 수 없다.
리더라는 자리가 주는 권한이나 친분을
중심으로 직원들과 관계를 맺기보다,
리더로서의 업무 역량과 인간적인 자질을 부단히 연마하고
실천해 감으로써 조직의 신뢰를 쌓아 가도록 하자.

조직의 힘은
어디에서 나오는가?

일찍이 아리스토텔레스가 '인간은 사회적 동물'이라고 말했듯이, 사람은 서로서로 관계를 맺고 영향을 주고받으며 살아간다. 관계는 크기, 친밀도, 범위 등에 따라 다양한 모습으로 나타나서 공통의 목표를 추구하는데, 이렇게 모인 집단을 '조직'이라고 한다.

잘 구성된 조직은 구성원 개개인의 능력의 합 이상의 힘을 발휘한다. 즉 1+1의 수학적 합인 2보다 더 많은 '시너지 효과'가 나타나는 것이다. 이는 다양한 구성원의 능력이 서로 보완 작용을 하면서 상승효과를 일으키기 때문이다.

그렇다면 이렇게 시너지 효과를 가져오는 조직의 힘의 기반은 무엇일까? 여러 가지 주장이 있을 수 있겠지만, 2500년 전 공자는 이를 간단하게 정의한 바 있다.

『논어』「안연(顔淵)」편을 보면, 제자 자공이 나라를 경영하는 데 가장 중요한 것이 무엇이냐고 공자에게 묻는다. 이에 공자는 "나라를 경영하는 기본은 식량을 비축하고, 군비를 충실히 하고, 백성의 신뢰를 얻는 것이다(足食, 足兵, 民信之矣)."라고 답한다.

다시 자공이 "만약 이 중 하나를 포기해야 한다면 어떤 것을 먼저 포기해야 합니까?"라고 묻자, 공자는 "군비와 병력 확충을 포기해야 한다."라고 답한다.

다시 자공이 "만부득이 하나를 또 포기해야 한다면 둘 중에 어떤 것을 포기해야 합니까?"라고 묻자, 공자는 "식량을 포기해야 한다. 먹을 것이 풍부하더라도 백성이 믿고 따르지 않으면 아무것도 할 수 없느니라(民無信不立)." 하고 대답한다.

공자는 일찍이 국가라는 조직이 '신뢰(信賴)' 없이는 성립될 수 없음을 알고 있던 것이다.

이러한 신뢰의 중요성은 오늘날 사회학자들의 연구를 통해서 '사회자본(Social Capital)'이라는 용어로 표현되고 있다.

하버드대 로버트 퍼트넘(Robert D. Putnam) 교수는 대조적으로 발전한 이탈리아의 남부와 북부 지방의 생활 수준에 의문을 품고, 그 원인을 25년여에 걸쳐 비교 연구한 결과를 『사회적 자본과 민주주의』라는 저서를 통해 발표했다.

그는 북부 지역의 생활 수준이 높은 원인으로 시민들의 강한 참여 의식과 네트워크를 꼽았다. 시민들의 자발적인 참여가 이루어지고 견고한 네트워크 속에 신뢰가 자리 잡게 되면, 사회의 공유된 목적을 달성할 수 있는 집합적 역량이 발휘된다는 것을 체계적인 연구를

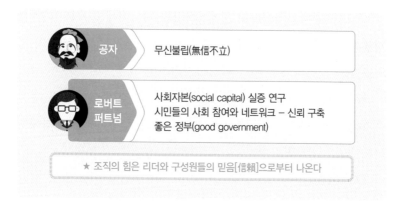

| 공자 | 무신불립(無信不立) |

| 로버트
퍼트넘 | 사회자본(social capital) 실증 연구
시민들의 사회 참여와 네트워크 - 신뢰 구축
좋은 정부(good government) |

★ 조직의 힘은 리더와 구성원들의 믿음[信賴]으로부터 나온다

통해 입증한 것이다.

이런 역량이 시민의 욕구를 적절히 대응할 수 있는 시민 대표와 정부를 탄생시킨다. 그리고 이렇게 선출된 정부는 참여한 시민들의 기대에 부응하며, 이러한 선순환 구조를 거쳐 결과적으로 '좋은 정부(good government)'가 탄생하게 된다는 것이다.

신뢰를 바탕으로 한 사회자본은 결과적으로 다양한 사회문제를 쉽게 풀 수 있어, 정책 집행의 효율성과 정당성을 높일 수 있다. 이러한 신뢰는 국가와 같은 큰 조직뿐만 아니라, 어떤 조직이든 그 조직을 지탱하고 발전하게 하는 근본이 된다.

따라서 조직의 리더라면 무엇보다 조직 내부의 신뢰도를 높이는 것을 우선시해야 한다. 성급하게 목표를 설정하고 섣불리 추진하기에 앞서, 구성원들 간에 신뢰를 구축하는 것이 더욱 중요하다. 그래야 조직의 목표 달성을 위한 서로의 역할에 믿음을 가지고 어떤 어려움이든 극복할 수 있다.

이런 신뢰가 형성되기까지는 많은 시간과 구성원들의 자기희생이 필요하다. 단기적으로는 자기에게 손해지만 내가 희생함으로써 조직에 보탬이 된다는 믿음이 쌓일수록, 그리고 이런 믿음에 대한 보답이 보일수록 신뢰는 더욱 두터워진다. 이렇게 신뢰를 바탕으로 뭉친 조직의 핵심 역량은 점점 커진다.

조직의 힘은 리더와 구성원들의 믿음[信賴]으로부터 나온다.

먼저
신뢰를 쌓아라

직장에서의 상사 평가에 관한 재미있는 설문 결과가 있다. 직장 상사들에게 "나는 직원들과 잘 소통하는 좋은 상사인가?"라는 질문에 스스로 점수를 매기게 하면 5점 만점에 4점 이상이 나온다고 한다. 반면에 직원들에게 "당신의 상사는 직원들과 잘 소통하는 좋은 상사인가?"라는 질문을 하면 대부분 2점대가 나온다고 한다. 보통 자신을 평가하는 데 너그러운 탓도 있지만, 두 배가 넘는 차이는 어디에서 생기는 것일까?

이런 차이를 결정하는 가장 큰 요소는 직원들의 리더에 대한 신뢰도이다. 조직이 힘을 제대로 발휘하기 위해서는 구성원들의 신뢰가 우선 형성되어야 한다. 특히 유동적이고 변화가 심한 오늘날에는 신뢰를 바탕으로 한 구성원들의 협력이 매우 중요하다. 직원들이 얼마나 리더의 권한과 리더십을 수용하고, 리더를 따라 맡은 바 업무에 헌신하는가가 그 조직의 성공 여부를 결정하게 된다.

그렇다면 구성원의 신뢰를 얻기 위해 리더가 갖추어야 할 자질은 무엇일까?

좋은 리더는 전문적인 업무 역량뿐만 아니라 인간적인 자질까지 갖추어야 한다. 리더의 전문적 역량에는 단순한 업무 전문성뿐만 아니라 조직 운영 능력과 정치적 판단 능력이 포함된다.

업무 전문성을 갖춘다는 것은 리더가 팀의 모든 일을 다 알아야 한다는 뜻이 아니다. 조직의 업무 흐름을 잘 파악하고 합리적으로 미래를 예측함으로써 어떤 상황이든지 타당한 의사결정을 내릴 수 있으면 된다.

조직운영 능력은 합리적으로 조직을 구성하고 조직원 개개인의 능력을 제대로 파악하여 배치함으로써 목표 달성을 위해 이끌어 가는 능력이다. 그리고 정치적 판단능력은 직속상관은 물론 협력이 필요한 다른 팀의 리더들과의 관계를 정치적으로 판단하고 행동할 수 있는 능력이다.

리더의 인간적인 자질은 전문가로의 '아는 것'을 넘어 그러한 역량을 올바르게 발휘하려는 '의지'가 있는지, 또 그렇게 '행동'하느냐 하는 문제이다. 이런 인간적인 자질은 스스로 질문을 던져 봄으로써 검증하고 향상시킬 수 있다.

첫째, 맡은 업무와 조직에 헌신하고 있는가에 관한 질문이다. 업무에 애착을 가지고 몰입하고 있는가? 목표 달성을 위해 조직 구성

리더가 갖추어야 할 자질

- 업무 전문성
  - **업무 흐름 장악** – 의사 결정 능력
  - **조직 운영 능력** – 목표 달성을 위한 조직 구성과 운영
  - **정치적 판단 능력** – 네트워크, 협치
- 인간적인 자질
  - 맡은 업무와 조직에 헌신하고 있는가?
  - 직원들을 인간적으로 대하고 있는가?
  - 조직 내부에 안정과 믿음을 주고 있는가?
  - 뚜렷한 목표의식과 책임감 그리고 성공의식이 있는가?

원을 잘 배치하고 관리하고 있는가? 조직의 성공에 직원들과 함께 진심으로 만족하는가?

둘째, 직원들을 인간적으로 생각하고 대하는가에 관한 질문이다. 진정으로 직원들의 내재한 가치를 인정하는가? 직원 개개인의 차이를 수용하고 거기에 합당하게 대우하고 있는가? 아무리 화가 나더라도 직원들의 인격을 존중하고 자존심을 지켜 주는가? 의견이 다를 경우 직원들의 관점에서도 문제를 바라볼 줄 아는가? 직원들을 믿고 권한을 충분히 위임하는가? 권한 위임은 진정한 직원 신뢰의 표현이다.

세 번째, 조직 내부에 정서적으로 안정과 믿음을 주고 있는가에 대한 것이다. 업무는 이성적으로 수행해야 하지만 그에 못지않게 감성도 중요하다. 특히 직원들과의 유대와 믿음은 어려운 일이 닥쳤을 때 이를 극복하는 든든한 기반이 된다. 여기에는 이런 질문이 필요하다. 항상 긍정적으로 생각하고 적극적으로 행동하는가? 업무를 수행할 때 자신의 감정을 잘 통제하는가? 직원의 잘못이나 실수에 감정을 통제하면서 반응하는가? 직원들의 감정을 잘 파악하고 신중하게 대처하는가? 직원들의 사적인 일을 존중하는가?

마지막으로 리더 자신이 뚜렷한 목표에 대한 책임과 강인한 성공 의식으로 무장된, 견고하되 탄력적인 자아의식을 가지고 있는가를 질문할 필요가 있다.

리더가 직원들과 올바른 관계를 맺었다고 모두 성공하는 것은 아니지만, 올바른 관계가 바탕이 되지 않고는 성공할 수 없다. 리더라는 자리가 주는 권한이나 친분을 중심으로 직원들과 관계를 맺기보다, 리더로서의 업무 역량과 인간적인 자질을 부단히 연마하고 실천해 감으로써 조직의 신뢰를 쌓아 가도록 하자.

새로
리더가 되었다면

부서장으로 승진한 지 얼마 안 된 후배가 술 한잔하자고 한다. 자리에 앉자마자 푸념을 시작한다.

"선배님, 승진하면 야근하는 직원들 일도 도와주고, 직원들과 허물없이 지내려고 했는데 쉽지 않네요. 어쩐지 직원들이 제 눈치를 보는 것 같아요. 꼭 왕따가 된 느낌이에요."

'이런, 그동안 내가 겪었던 과정을 겪는구나.' 하는 생각이 들어 리더에 관한 이야기를 꺼냈다.

보통 상사는 술자리의 좋은 '안줏거리'가 된다. 그런데 열심히 씹던 사람이 승진하고 부서를 책임지는 자리에 가게 되면, 씹던 입장에서 자연히 씹히는 처지가 된다. 갑자기 직원들이 슬슬 피하기 시작하고, 점점 어려워하는 것같이 느껴진다. 그래서 가까이 다가간다고 노력해 보지만, 반응이 영 시원치 않다.

그래서 리더가 되면 직원 때와는 다른 역할을 해야 한다는 것을 빨리 깨달아야 한다.

기본적으로 리더가 갖추어야 할 것은 '능력 + 리더십'이다. 이 중 '능력'은 그동안의 경험과 지식으로 이미 평가받았다고 본다면, '리더십'은 새롭게 갖추어야 하는 분야이다. 따라서 새로 관리자가 된 사람이 갖추어야 할 능력을 정리해 보았다.

첫째, 조직의 핵심 과업을 빨리 파악하고 직원들과 공유해야 한다. 핵심 과업이란 그 조직 존립의 본질에 해당하는 일이기 때문에 핵심 과업이 공유되지 않으면 그 조직은 목적지를 모르고 항해하는 배와 같다. 항해사나 조타수가 각자 자기가 생각하는 방향으로 움직인다면 그 배가 어디로 가겠는가? 리더는 돛이나 노가 움직이는 것을 돕는 역할이 아니라, 목적지로 가는 핵심 과업을 정하고 꾸준히 일깨우는 선장의 역할을 해야 한다.

둘째, 넓고 다양한 시각에서 판단해야 한다. 리더가 되면 직원으로 자기 일만 할 때보다 더 많은 정보와 이해관계자를 접하게 되고, 정치적인 측면 등 보다 다양한 각도에서 문제를 바라보아야 한다. 즉, '나무'만 보던 입장에서 '숲' 전체를 보아야 하는 입장이 되는 것이다. 초보 관리자의 경우 말을 아끼고 다른 사람들의 의견을 경청하면, 단기간에 많은 정보를 파악할 수 있다. 직원들의 불편한 직언에도 귀를 열어야 시행착오도 줄일 수 있다.

셋째, 권한을 위임하고 책임을 명확히 해야 한다. 조직에 필요한 업무 역량과 조직원의 개인별 능력을 일치시키는 적재적소의 인사를 한 후, 명확한 업무 분담을 통해 업무의 책임 소재를 명확히 하고 그에 따른 권한을 이양해야 한다. 위임한 업무에 대해 마음에 안 든다고 너무 간섭하면 직원들이 자발적으로 움직이지 않고 지시만을 기다리게 되므로 참고 기다려 줄 줄도 알아야 한다.

넷째, 신중하게 움직여야 한다. 지금까지는 혼자 열심히 일하면 되었지만, 이제는 직원들의 눈치(?)를 보아 가며 움직여야 한다. 리더가 움직이는 데로 직원들의 눈이 쏠려 합리적으로 업무 추진이 되지 않을 수 있기 때문이다.[6] 직원들이 야근하면 상황 판단은 하되, 섣불리 도와주겠다고 나서면 안 된다. 대신 격려하고 업무 분석과 인사 배치 등 근본적인 문제에 대해 고민해야 한다.

마지막으로 리더의 역할이 결정하는 것임을 명심해야 한다. 리더에게 담당 업무가 없는 것은 일하지 않아도 된다는 것이 아니라, 부서의 모든 일에 관해 결정하고 그 결정에 책임을 지라는 의미이다. 문제의 원인이 어디에, 누구에게 있든 리더는 자기 소관에 대해 전적으로 책임을 져야 한다. 비록 문제의 원인이 외부에 있더라도, 책임 소재를 따지기보다 문제를 해결하는 데 초점을 맞추어야 한다.

다양한 이해관계가 얽혀 섣불리 의사결정을 하기 어려운 문제가 발생했을 때, 누구도 대신할 수 없는 리더의 역할이 바로 '결정'하는 일이다. 당연히 그 결과에 따른 '책임'도 오롯이 리더의 몫이다. 따라서 결정에 대한 두려움과 결과에 대한 압박감이 심할 수밖에 없다. 그래서 관리자는 어느 정도 외로움에 익숙해져야 한다고 인생

---

6 겨울철에 눈이 내리면 제설 작업을 한다. 리더가 열심히 한다고 새벽부터 현장을 확인하면, 실제로 주민들이 많이 이용하는 도로 순서가 아니라 리더가 확인하는 순서로 제설이 이루어진다.

새로 리더가 되었다면

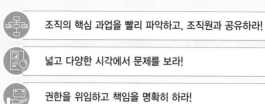

조직의 핵심 과업을 빨리 파악하고, 조직원과 공유하라!

넓고 다양한 시각에서 문제를 보라!

권한을 위임하고 책임을 명확히 하라!

신중하게 움직여라!

결정을 하고 책임을 져라!

선배들이 말하는 것이다.

"후배여, 외롭다고 느껴지더라도 리더는 혼자 가는 것이 아니다. 뒤를 돌아보면 비록 표시는 하지 않더라도, 그대를 믿고 따르는 조직원들이 보일 것이다. 그러므로 조직원의 '호감'을 사려고 하기보다는, '존경'을 받으려고 노력하라."

리더는
리더의 일을 하라!

"바쁘다, 바빠."

항상 바쁘다는 말을 입에 달고 사는 관리자들이 우리 주변에는 많이 있다. 이런 관리자들의 공통점은 자신이 없으면 조직이 안 돌아갈 것으로 생각한다는 점이다.

이들은 아침 일찍 출근하고 저녁 늦게 퇴근하며, 부서의 일을 시시콜콜 알아야 하고, 거의 모든 일에 사사건건 간섭한다. 이들은 매일 회의하고 보고를 받으며 자잘한 것까지 확인해야 안심을 한다.

그렇다면 이렇게 리더가 바쁜 조직은 늘 성공하는 것일까?

리더십의 대가로 꼽히는 노스웨스턴대 키스 머니건(Keith Murnighan) 교수는 그렇지 않다고 주장한다. 그는 "리더 대부분은 리더의 일보다 직원의 일을 대신하며 바쁘게 산다."라며, 극단적으로 최고의 리더십은 '아무것도 하지 않는 것(Do Nothing)'이라고까지 말한다.

리더가 너무 많은 일을 하고, 작은 일까지 간섭할 경우 능력 있는 팀원들이 스스로 일을 할 수 없어 비효율을 초래함은 물론, 조직원의 능력 계발도 이루어지지 않는다. 사실 조직의 힘은 조직원 간의 '신뢰'에서 나온다는 점에서, 직원을 믿지 못하는 리더가 이끄는 조직은 제대로 성과를 낼 수 없다.

머니건 교수는 리더가 할 일로 간단하게 두 가지를 꼽는다. 첫째는 의사결정을 빠르게 해 주는 것, 둘째는 적재적소에 사람을 배치하고, 이들이 일을 더 잘할 수 있도록 돕는 것이다.

사실 '인사가 만사'라는 말이 있듯이 적재적소의 인재 배치와 공정한 평가야말로 리더가 해야 할 가장 기본적인 일이다. 그다음에 필요한 것이 권한 위임이다. 업무의 권한과 책임을 명확하게 정리해 위임하고, 위임한 업무에 대해서는 믿고 맡겨야 한다. 위임한 일을 수시로 간섭하고 질책하게 되면 효율성이 떨어짐은 물론 심지어 그 직원마저 잃을 수 있다.

아울러 머니건 교수는 리더가 알면 좋을 팁 몇 가지를 제시한다.

첫째, 리더가 지닌 전문성을 감춰라. 아무리 리더가 잘 알더라도

리더가 알면 좋을 팁 / 키스 머니건

리더가 지닌 전문성을 감춰라

팀 구성과 인사의 이유를 공개하라

작은 터치를 하라

직원들에게 부여한 권한을 침해하지 말고, 이들의 기술과 능력치를 존중해야 한다. 직원들의 업무를 잘 알고 있지만, 그 업무에 '직접 관여'하는 것이 아니라 그 업무를 잘 수행하도록 도와주는 것에 초점을 맞추라는 것이다.

둘째, 팀을 구성하고 자리를 배치할 때 그 이유를 '공개적으로' 하라. "당신이 그 자리에 꼭 필요하다."라는 합당한 이유가 공개될 때 조직원의 책임감이 높아지며, 강력한 동기부여로 작용한다. 물론 다른 조직원들의 공감을 얻을 수 있어 조직의 신뢰도 커진다.

셋째, 일이 잘 굴러갈 수 있도록 '작은 터치(Touch)'를 해라. 조직원들이 일하는 공간을 어슬렁거리며 스스럼없이 대화하는 '복도 걸어 다니기(Walk the Floor)'를 통해 인간적인 정과 친밀감을 쌓는 것이 결과적으로 강한 '결속력'을 만들어 낸다.

특히 조직이 새로 만들어지거나 통합이 되면 분위기가 어수선해지는데 이럴 때일수록 리더의 역할이 중요하다. 당분간 리더가 앞장

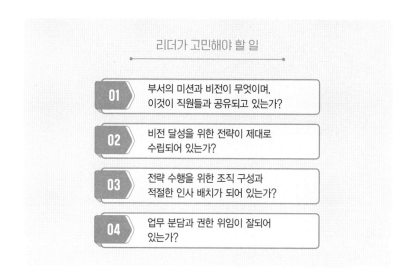

리더가 고민해야 할 일

01 부서의 미션과 비전이 무엇이며, 이것이 직원들과 공유되고 있는가?

02 비전 달성을 위한 전략이 제대로 수립되어 있는가?

03 전략 수행을 위한 조직 구성과 적절한 인사 배치가 되어 있는가?

04 업무 분담과 권한 위임이 잘되어 있는가?

서서 직원의 일을 함께 추진해야겠지만, 이른 시일 안에 조직이 안정을 찾고 장기적인 성과를 내려면 다음 몇 가지 '리더의 일'에 대한 답을 고민해야 한다.

첫째, 우리 부서의 미션과 비전이 무엇이며, 이것이 직원들과 공유되고 있는가?

둘째, 비전 달성을 위한 전략이 제대로 수립되어 있는가?

셋째, 전략 수행을 위한 조직이 구성되고, 적절하게 직원이 배치되어 있는가?

넷째, 업무 분배가 합리적으로 되어 있고, 권한 위임으로 '리더의 일'과 '직원의 일'이 잘 구분되어 있는가?

당신이 만약 리더라면 스스로 되뇌어 보자. 나는 지금 '직원의 일'이 아닌 '리더의 일'을 하고 있는가?

권한을
위임하라

리더들은 때때로 조직원들이 일하는 것을 보면서 답답함을 느끼곤 한다. 리더가 직접 일을 하면 보다 이른 시간에, 더 탁월한 성과를 낼 수 있다고 믿기 때문이다.

"리더라면 조직의 모든 일을 알고, 관리해야만 한다."라고 믿고 있는 리더도 있다. 그 내면에는 직원에 대한 신뢰가 부족하고, 권한 위임을 하면 리더의 권한이 줄어들어 권위가 약해진다는 불안감이 깔려 있다.

그러나 이렇게 조직의 모든 것을 관리해야 한다고 생각한다면, 스스로 진정한 리더인지를 되돌아보아야 한다.

물론 탁월한 리더의 경우 조직의 세세한 부분까지 관리하면서 성과를 거두는 경우를 종종 볼 수 있다. 그러나 그 성과의 이면에는, 현재 팀이 가지고 있는 최고의 능력을 끌어내지 못하고 있으며, 조직의 미래 성공을 위한 직원 교육에 실패하고 있음을 알아야 한다.

권한 위임은 권한의 포기가 아니며, 단순한 권한의 배분도 아니다. 오히려 위임을 통해 부하 직원의 역량을 개발하고, 그 결과 리더의 영향력과 영역이 확장되는 효과가 있다. 따라서 리더는 조직원이 잘 해내지 못할 줄 알면서도, 아니 어떤 때는 실패할 것을 알면서도 일을 맡길 수 있어야 한다.

권한 위임 속에는 조직원의 실수를 인정해 준다는 의미도 포함되어 있다. 직원들은 위임된 권한을 잘못 행사함으로써 생긴 실수를 통해 교훈을 얻고, 같은 상황이 벌어지게 되면 능동적으로 대처하는 능력을 키우게 되기 때문이다.

IBM연구소는 2012년 64개국 1,700여 명의 경영진을 대상으로 한 연구에서 탁월한 기업 성과를 창출하기 위한 3대 필수 요소의 하나로 '권한 위임'을 꼽기도 했다. 또한, 피터 드러커도 권한 위임을 '자기 일을 직원에게 배분하는 것이 아니라, 위임하는 것 자체가 리더의 업무'라고 강조한 바 있다.

그렇다면 효과적인 권한 위임을 위해 리더는 무엇을 해야 할까?

첫째, 리더는 직원들의 적성과 능력을 사전에 파악하고 있어야 한다. 부하 직원의 성격과 능력에 따라 위임의 수준을 달리해야 하기 때문이다. 위임의 수준은 직원의 역량보다 약간 높은 정도가 바람직한데, 이를 통해 '작은 성공'의 축적으로 업무 성취감을 느껴 더 큰 업무에 도전할 수 있는 자신감을 심어 줄 수 있다.

둘째, 직원과의 소통을 통해 위임하는 이유와 일의 범위, 내용 그리고 자율권 보장의 한계 등을 명확히 해야 한다. 특히 '왜 위임을 하는가'에 대해 신경을 써서 공유해야 한다. 이는 직원이 업무를 추진할 때 자율성을 높일 수 있으며, 의도하지 않은 성과를 거두는 데도 도움이 된다. 그러나 불분명하게 권한 위임을 하게 되면 권한과 책임이 일치하지 않아 위임의 효과를 거둘 수 없을뿐더러 혼란을 초래할 수 있다.

셋째, 위임된 업무의 달성을 위한 수단과 방법의 선택은 직원들에게 맡겨야 한다. 조직의 목표와 전략을 제시하고 공유시키는 것은 리더의 당연한 몫이지만, 세부적인 추진 방법은 직원들에게 맡겨야 업무 처리가 빠르고, 직무 만족도를 높일 수 있다.

넷째, 위임 후에도 지속적인 코치를 통해 피드백과 평가가 이루어져야 한다. 권한 위임이 완전한 자율과 방임을 의미하는 것이 아니므로 적절한 보고 시점과 평가 기준을 명시할 필요가 있다. 원활한 소통을 통해 동기부여를 하고 적절한 시기에 필요한 지원과 협력도 해야 한다.

다섯째, 성공이든 실패든 위임의 결과에 대한 최종 책임은 리더의 몫이다. 실패한 업무에 대한 책임을 지는 것은 물론, 실패한 직원이 재도전할 수 있도록 격려해야 하며,[7] 성공한 직원에게는 칭찬은 물론 확실하게 공을 돌려야 한다.

꼭 하나 명심할 것은, 조직 환경이 급속히 변하거나 업무 처리가

---

7 상황에 따라 실패를 한 직원에게 벌을 내려야 하는 경우가 있다. 이때 부하 직원을 봐준다고 합당한 결단을 내리지 않으면 조직 내외부의 신뢰를 잃게 된다. 피를 묻히는 것도 리더의 몫이다.

효과적인 권한위임 방법

직원들의 적성과 능력을 사전에 파악

위임의 범위와 권한의 한계 공유

세부적인 추진방법 위임

적절한 점검과 평가 – 지원과 협력

최종 책임은 리더의 몫

★ 권한 위임은 리더 자신을 위해서 하는 것이다

엉망으로 되면 어쩔 수 없이 위임된 업무를 회수해야 하지만, 최대한 기다려 주는 것이 권한 위임의 대원칙이라는 점이다.

뛰어난 리더는 권한 위임을 통해 직원들이 주도적으로 '자기 일'을 하도록 하고, 자신은 보다 큰 조직의 방향과 전략에 대해 고민한다. 신뢰를 기반으로 한 권한 위임은 조직과 직원을 위해서 하는 것이지만, 궁극적으로는 리더 자신을 위한 것이기 때문이다.

오케스트라 지휘자는 무대에서 소리를 내지 않는다. 한두 악기가 불협화음을 낸다고 해서 그 악기를 직접 연주하지 않는다. 뛰어난 지휘자는 각 단원이 지닌 잠재력을 최대한 끌어내 조율함으로써, 오케스트라의 대표자로 관객들에게 평가받을 뿐이다.

리더라면 결정하라,
-이순신 리더십

"국장님! 빨리 결정을 해 주셔야 합니다."

직원들의 독촉에도 불구하고 이 국장은 쉽게 결정을 내릴 수가 없다. 결정을 내릴 자료도 부족한 것 같고, 잘될지도 걱정이다. 왜 내가 결정을 내려야 하는지 괴롭기까지 하다.

하지만 어렵더라도 '결정'을 하고 그 결과에 대해 '책임'을 지는 것이 리더의 중요한 역할이다. 리더란 위험과 기회가 공존하는 상황에서 조직과 구성원의 운명을 가름하는 힘든 결정을 내려야 한다. 그 결정에 따라 조직이 성공하기도 하고, 파멸의 나락으로 빠지기도 해서 부담감이 클 수밖에 없다.

영화 〈명량〉을 보면, 정치적인 상황으로 백의종군하다 원균의 칠천량해전 대패로 남은 배가 얼마 없는 상태에서 복직된 이순신 장군에게 선조가 권율 장군과 육지에서 싸우라고 명령하자 이렇게 답한다.

"아직 신에게는 열두 척의 배가 남아 있습니다."

단 12척의 배로 300척이 넘는 왜선을 상대로 승리를 거두어야 하는, 누구나 불가능하다고 생각하는 상황에서 고뇌 끝에 내린 이순신의 결단은 결국 명량해전을 승리로 이끌었다.

그럼 어떻게 하면 리더로서 신속하고도 올바른 결정을 내릴 수 있을까?

첫 번째로 의사결정의 길잡이가 될 수 있는 기본 원칙을 마련해야 한다. 조직이 가지고 있는 미션과 비전은 올바르고 신속한 의사결정을 하는 데 가장 중요한 역할을 한다. 우리 조직이 왜 존재하는지에 대한 고민과 미래의 발전된 모습에 대한 성찰은 조직이 나아갈 방향과 최종 목표를 쉽게 알 수 있도록 한다. 조선의 수군이 존재했던 이유는 바다의 왜적을 물리치기 위한 것이었으며, 반드시 승리해야 한다는 신념이 12 대 300의 불리함을 딛고 승리한 원동력이 된 것이다.

두 번째, 조직의 미션과 비전을 조직원들과 공유해야 한다. 조직원들이 조직의 목표를 향해 함께 나아가야 함을 교육을 통해 공유하고, 리더부터 솔선수범해야 한다. 모든 조직원이 나아가야 할 방향성을 공유하게 되면 시행착오와 자원 낭비를 막게 된다. 또한, 자발적이고 능동적인 조직원의 참여를 이끌어 낼 수 있다. 조선 수군이 항상 승리를 거둘 수 있었던 것도 평상시 전쟁 준비와 훈련 그리고 이순신 장군의 솔선수범을 통해 병사들이 한마음이 되어 있었기 때문이다.

신속하고 올바르게 결정하는 법

결정의 기본 원칙 마련	• 조직의 존재 이유와 미래의 발전된 모습 • 조직의 나아갈 방향과 최종 목표
조직의 미션과 비전 공유	• 조직의 목표·방향 공유와 리더의 솔선수범 • 일사분란한 방향성 확보 : 시행착오, 낭비 방지
환경의 변화와 조직의 장단점 파악	• 조직의 장단점 분석 • 변화하는 시대 상황 주시
권한 위임과 부하 신뢰	• 적절하게 권한을 위임하고 책임을 공유 • 결정 사항의 신속한 실행과 현장 대응 권한 부여

세 번째, 항상 주위 환경의 변화를 살피고, 조직의 강점과 약점을 정확하게 파악해야 한다. 오늘날 조직을 둘러싸고 있는 환경은 예측할 수 없을 정도로 급변하고 있다. 어제의 정답이 오늘의 정답이 될 수 없는 현실에서 항상 주위를 살피고, 변화를 선도할 수 있도록 조직이 지닌 강점과 단점을 꿰뚫고 있어야 한다. 이순신 장군의 명량 해전 승리도, 울돌목의 급한 물살과 좁은 해협이라는 지형적 특성을 최대한 알고 이용했기 때문이다.

네 번째, 권한을 위임하고 부하를 신뢰해야 한다. 아무리 뛰어난 리더라도 혼자서 모든 일을 할 수는 없다. 특히 일선 현장은 전쟁터와 같아서 시시각각 상황이 변할뿐더러 일분일초 앞을 예측할 수 없다. 진정한 리더는 목표는 공유시키되 세부 실행 사항에 대한 의사

결정권은 조직원들에게 위임하고, 그 결과에 대해 함께 책임져야 한다. 조선 수군의 몰락을 가져왔던 칠천량해전은 선조와 조정의 벼슬아치들이 전쟁터의 상황을 알지 못하는 상태에서 내린 결정을 원균이 따랐기 때문이었다.

리더라면 힘들더라도 결정을 하고 그에 따르는 책임을 져야 한다. 조직의 성패는 리더의 결정에 달려 있다.

리더는 하기 싫은 것도 결정해야 한다

리더가 결정할 것 중에는 하기 싫은 것도 있을 수 있다. 직원을 징계하거나 직원의 희생이 필요한 결정을 해야 하는 경우가 그것이다.

잘못한 직원에 대한 징계를 미루거나 약하게 하면 조직의 위계질서와 영이 서지 않는다. 좋은 게 좋다고 일 못하는 직원을 문책하는 대신 그 일을 줄여서 일 잘하는 직원에게 준다면, '우리 조직은 일 잘하면 손해를 본다'라고 광고하는 셈이다. 이렇게 신상필벌이 공정하지 않은 조직은 누구도 성과를 위해 노력하지 않는다.

업무 책임을 공정하고 명확하게 하고, 무능한 직원은 아픔이 있더라도 정해진 규정에 의한 징계를 신속하게 결정하는 것이 리더의 중요한 역할이다.

더 어려운 경우가 바로 일부 직원의 희생이 필요한 경우이다. 코로나 상황에서의 현장 투입이나 야간 단속, 명절 특별 근무 같은 경우에 누군가는 어려운 상황 속에서 근무해야만 한다. 그런데 일부 직원에게만 계속해서 희생을 강요한다면 공평하지 못하다는 불만과 함께 리더는 신뢰를 잃게 된다.

따라서 평상시에 이런 상황을 예측한 시뮬레이션을 통해 매뉴얼을 갖추고, 직원 참여하에 합리적인 업무 배분, 교대 원칙 등을 정해 두어야 한다.

아울러 꾸준히 공직관을 교육함으로써, 기본적으로 국민에 대한 봉사자인 공직자의 자세를 갖추도록 해야 한다. 그래야 어려운 상황에서 내린 리더의 결정에 직원들이 공감하고 따르게 된다.

이순신 장군이 명량해전에서 수백 척의 왜적선을 앞에 두고 단 열두 척의 배로 전투를 시작할 때 부하들이 목숨을 걸고 따랐던 것은, 어떠한 상황에서도 이순신 장군이 합리적이고 올바른 결정을 한다는 것을 부하들이 신뢰했기 때문이다.

코로나와 백신

'K-방역'으로 주목받은 우리나라의 코로나 대응과 성과가 오히려 독이 되었다는 말이 나온다. 전 국민 마스크 착용, 집합 금지 등 적절한 전염병 대응으로 확산은 막았지만, 이것이 백신 개발과 확보에 소극적으로 대처하는 결과를 가져오면서 조기 집단면역에는 실패했다는 이야기다. 질병 통제의 성공이 오히려 예방접종에선 뒤처지게 된 원인이 된 것이다.

이에 비해 팬데믹(pandemic: 전 세계적 대유행)을 겪으면서 고통을 받았던 미국, 영국, 이스라엘 등은 빠른 백신 접종으로 집단면역과 일상생활 복귀가 앞당겨졌다. 초기에 마스크 거부와 모임 방치 등 무책임한 지도자와 국민성 등으로 많은 인명 피해를 보았지만, 다른 대안이 없어 백신 접종에 매달리게 된 것이 전화위복이 되었다.

글로벌 시대의 효과적인 전염병의 대처는 인터넷의 발달로 비대면이 늘고 있지만. 해외 교류의 불가피성을 고려하면 '집단면역'이 답일 수밖에 없다.

집단면역의 골든타임은 백신이 개발되고 있던 2020년 여름이었다. 이때 과감하게 화이자, 모더나 등의 도입 계약을 체결했으면, 예산 절감은 물론 적기에 백신 접종을 할 수 있었다. 그러나 과거 신종플루나 메르스 때, 수요보다 많은 백신을 구매한 관계로 중징계를 받았던 경험이 트라우마로 남아 있던 행정부로서는 망설일 수밖에 없었다. 8 백신의 부작용이나 효과에 대한 불확실성으로 진행 상황을 지켜보자는 관망세가 우세하기도 했다. 결국 백신의 세계적인 품귀 사태로 조기 집단면역에 실패하게 된 것이다.

지금 옳은 것이 계속 옳다고만 할 수 없다. 상황은 항상 변한다. 리스크도 감수해야 할 때는 감수해야 한다. 리더는 변화를 읽는 안목과 위험을 짊어지는 결단력을 갖추어야 한다.

---

8   2016년 감사원은 메르스 방역 실패 책임을 물어 보건복지부와 질병관리본부 등에 질병관리본부장을 포함 총 16명에 대한 해임, 강등, 정직 등의 중징계를 요구했다. 여기에는 코로나19 사태 시 맹활약한 권준욱, 정은경 등이 포함되어 있었다.

경험의 덫에서
벗어나자

"그거 내가 예전에 해 봤는데 안 돼!"

김 주무관이 제안한 새로운 시책이, 이 과장의 한마디에 뭉개져 버렸다. 그런데 얼마 후, 김 주무관의 제안과 비슷한 시책이 다른 지자체에서 시행되어 전국 매스컴을 화려하게 장식했다. 이 과장은 '경험의 덫'에 걸려 잘못 판단한 것이다.

리더의 가장 중요한 역할 중 하나가 바로 '결정'하는 일이다. 그런데 이런 리더의 결정에는 무엇보다도 그동안의 '경험'이 가장 많은 영향을 미친다. 특히 안정성과 일관성을 중요시하는 행정의 경우 이런 경향이 더욱 강하다.

그러나 예측하지 못할 정도로 환경이 빠르게 변하고 있고 공과 사의 경계가 모호해지는 요즈음, 이전 경험에만 의존하는 것은 매우 위험하다. 맹목적으로 경험만 믿는 것은, 스스로 발목을 잡는 참으로 무서운 덫이 될 수 있다.

그럼 '경험의 덫'에 걸리지 않으려면 어떻게 해야 할까?

첫째, 열린 마음을 가져야 한다. 과거에 경험하지 못했던 새로운 시도에 너그러워야 하고, 도전에 따르는 위험 부담을 용인할 수 있어야 한다. 젊은 직원들의 기발한 제안이 거리낌 없이 도출되고 수용되는 조직 분위기를 만들어야 한다. 그러기 위해서는 부하에게 충분한 권한을 위임해야 하며, 새로운 아이디어나 혁신적인 전략·경영 방식이 활발히 논의되고 받아들여지는 조직 문화를 조성해야 한다.

둘째, 과거의 성공 모델은 잊어버려야 한다. 무서우리만큼 빠르게 변화하는 환경에서 과거의 성공 경험은 무의미하다. 실제로 유명한 컨설팅회사인 부즈앤컴퍼니에서 세계 유수 기업 CEO들의 실적을 분석해 본 결과, 동종 업계 경험이 있는 CEO보다 그렇지 않은 CEO의 실적이 훨씬 더 좋았다고 한다. 이는 동종 업계 출신 CEO가 지닌 성공 경험이 새로운 시도나 문제를 해결하는 데 방해가 되었음을 뜻한다. 또한 인터넷과 디지털 기술의 발달, 자유무역협정 등으로 시간과 국경의 제약이 해소되고 있어, 새로운 방식의 시도와 성공 모델을 꾸준히 고민해야 한다.

셋째, 경험에서 생긴 고정관념보다 객관적인 데이터를 신뢰해야 한다. 요즘 어지간한 정보는 인터넷에 다 있다고 해도 과언이 아니다. 또한 휴대전화 기술의 발달로 인해 필요한 자료를 어디서나 즉시 찾을 수 있으므로 경험에 의존하기보다 관련 정보를 확인하는 습관을 들여야 한다. 물론 전문기관에서 발표하는 관련 통계 자료와

경험의 덫에서 벗어나기

열린 마음을 갖자
- 새로운 도전 용인 / 기발한 제안이 수용되는 조직 분위기 조성
- 도전에 따르는 위험 부담 감수

과거의 성공모델은 잊자
- 성공 경험이 문제 해결에 방해가 될 수도 있다
- 너무도 빨리 새로운 기술, 새로운 환경이 나타나고 있다

경험보다 객관적인 데이터를 신뢰하자
- 경험에 의존하여 우기지 마라
- 인터넷과 휴대전화의 발달로 언제 어디서나 정보 확인이 가능하다

의사결정에 다양한 사람을 참여시키자
- 새로운 지식과 경험의 융합이 필요하다

내부 데이터도 잘 관리하고 확인해야 한다. 객관적인 데이터는 현재 상황을 자신에게 유리하게 해석하는 오류를 막아 준다.

넷째, 의사결정 과정에 다양한 경험을 지닌 사람들을 참여시켜야 한다. 전문가일수록 경험의 포로가 될 위험성이 크다고 한다. 따라서 출신, 나이, 전문 분야별로 다양한 사람을 의사결정에 참여시키면 획일적인 경험의 덫에서 빠져나올 수 있다. 이들로 인해 문제를 바라보는 새로운 시각이 열리거나, 협업할 수 있는 다른 분야의 경험을 얻을 수 있을 뿐 아니라 당연히 여기는 사안에 대해서도 전혀 새로운 방향의 해결책을 제시할 수 있어 상식을 뛰어넘는 성과를 낼

수도 있다.

　실제로 우리는 생각하는 것보다 훨씬 더 과거의 경험에 사로잡혀 있다고 한다. 특히 예전에 성과를 거두었던 사람일수록 경험에 의존하는 경향이 강하다고 한다. 경험이 좋은 자산인 것은 분명하지만, 자칫 경험에만 의존하다가는 변화의 흐름을 읽지 못해 생존 게임에서 도태될 수 있다. 혹시 내가 경험의 덫에 갇혀 있는 건 아닌지 확인해 보자.

신립의 경험과 탄금대 전투 패배

　임진왜란 당시 왜군이 파죽지세로 한양으로 올라오자, 조선 조정은 충주에서 이를 저지하기 위해 남아 있던 군사와 장수를 파견하기로 한다. 이때 선발된 장수가 신립으로, 신립은 뛰어난 기병술로 북방 여진족과의 싸움에서 연전연승한 실적이 있었다.

　신립은 험준한 조령에 진을 치고 왜적을 상대하자는 부장들의 건의를 무시한 채, 북방 전투에서 기병을 이용하여 승리를 거둔 경험을 믿고, 기마 돌격이 쉬운 충주 벌판 탄금대에서 달천을 끼고 배수진을 쳤다.

　그러나 왜군은 조선군의 전형을 예측하고 중앙에 방어망을 쌓아 기병 돌격을 저지하고, 좌우로 부대를 보내 조선군의 측면을 찔러 왔다. 폭우까지 쏟아져 기병 운영에 어려움을 겪는 데다 3면으로 포위된 조선군은 포위를 돌파하려 했지만 모두 실패했다. 진형이 무너지고 퇴로가 막힌 조선군은 달천으로 뛰어들었지만, 왜군의 추격대는 강으로 뛰어든 조선군의 뒤를 공격했다. 결국 조선군은 전멸했고 신립도 전사했다.

　새로운 전장에는 새로운 전술이 필요하다.

매몰비용은
무시하라

　전국적으로 추진되었던 도심 재개발사업이 부동산 경기 침체로 된서리를 맞고 있다. 황금알을 낳아 주길 바랐던 재개발사업이 분양의 어려움과 수익성의 저조가 예상되어 시공사의 참여가 저조한 결과다.

　이에 따라 사업이 추진되지 않는 것은 물론 이로 인한 주민 갈등이 사회문제로까지 번지고 있다. 이에 정부는 도시 및 주거환경정비법을 개정하여 주민 추진위원회가 자진 해산하면 그동안 들어간 비용을 일부 지원하겠다는 출구전략을 마련했다. 많은 지자체가 관련 조례를 준비하고 공청회와 간담회를 통해 출구전략의 필요성과 '매몰비용'의 합리적인 지원 방안을 논의하고 있다.

　그런데 여기서 말하는 '매몰비용'이란 무엇이고, 이것이 합리적인 의사결정과는 어떤 관계가 있을까? 사전적으로 매몰비용(sunk cost)이란 '다시 되돌릴 수 없는 비용', 즉 의사결정을 하고 실행한 이후에 발생한 비용 중 회수할 수 없는 비용을 말한다.

더 쉬운 사례로 매몰비용을 살펴보자. 비싼 뷔페식당에 들어갔는데 얼마 되지 않아 갑자기 배가 아파진다. 그만 먹자니 비싼 입장료가 너무 아깝다. 또 하나, 비싼 티켓을 사 유명한 클래식 공연을 보러 갔는데, 생각만큼 재미를 느낄 수 없다. 다음날 시험도 치러야 한다.

이 두 가지 사례 모두 지출한 돈이 아깝다고 해서 음식을 더 먹거나, 공연을 더 본다는 것은 합리적이지 않다. 즉 '본전'이 생각나더라도 되찾을 수 없게 된 지출은 의사 결정할 때 고려해서는 안 되는 것이다. 이런 형태의 지출이 바로 '매몰비용'이다.

뷔페나 공연같이 적은 돈이 문제가 되는 경우라면 쉽게 판단할 수 있으나, 금액이 많고 오랜 기간에 걸쳐 지출된 비용의 경우 선뜻 매몰비용으로 인정하기가 쉽지 않다. 장밋빛 전망과 그동안 들였던 노력에 대한 보상심리, 과도한 손실로 인한 자포자기 등으로 이미 들어간 비용을 포기하기가 쉽지 않다. 이렇게 매몰비용에 집착하여 제대로 된 결정을 내리지 못하는 것을 '매몰비용의 오류'라고 한다.

프랑스와 영국이 협력해서 막대한 비용을 들여 개발한 콩코드 여객기 사례가 대표적인 매몰비용의 오류로 꼽힌다. 초음속 항공기라는 특성으로 세계의 이목을 집중시켰지만, 콩코드 여객기는 개발 초기부터 수익성에 대한 문제가 제기되었다. 그러나 이미 들어간 개발비와 자존심 때문에 양국은 투자를 계속했고, 결국 과도한 개발비와 항공업계의 불황, 많은 연료 소비, 소음 등으로 인해 막대한 적자 끝에 회사가 도산하고 말았다. 이 사례는 '콩코드의 오류(Concorde fallacy)'라고 불리며, 매몰비용에 집착한 대표적인 사례로 종종 소개된다.

경제적·합리적 사고에 근거하여 행동하는 사람들은 매몰비용이 발생하면 그것을 무시하거나 포기할 수 있지만, 그렇지 못한 사람들은 투입된 비용이 아깝다는 생각에 선뜻 그렇게 하지 못한다.

인간이 매몰비용의 함정에 쉽게 빠지는 이유를 연구한 심리경제학의 개척자 대니얼 카너먼(Daniel Kahneman)은, 사람들은 태생적으로 이익과 손실이 같은 금액이라도 손실을 두 배나 크게 인식하는 '손실혐오(loss aversion)'의 성향을 가지고 있다는 것을 밝혀냈다.

그나마 기업의 경우에는 상황에 따라 적절하게 대처하는 의사결정이 쉽지만, 공공사업의 경우 책임 회피로 매몰비용의 함정에서 빠져나오기 쉽지 않다. 기존 정책을 대폭 수정해야 함에도, 이미 투입된 많은 예산과 노력 등에 대한 책임 때문에 계속해서 정책을 추진함으로써 더 큰 손실을 보게 되는 것이다.

공공기관의 매몰비용 집착은 곧 주민의 손실로 직결되는 만큼 재개발사업 추진위원회의 자진 해산 때 비용을 보전해 주는 것과 같이, 기관 내부의 감사부서나 외부의 정치권, 언론 등의 '매몰비용' 인정에 대한 인식과 사회적 합의가 필요할 것이다.

조직을 하나로
만드는 방법

조직의 리더들이 자리를 옮기거나 새 직원을 맞이하게 되면 먼저 해야 하는 일이 있다. 바로 조직을 하나로 만드는 일인데, 그래야 조직의 목표를 수월하게 달성할 수 있기 때문이다. 이를 위해 필자가 사용하는 몇 가지 방법을 소개하고자 한다.

먼저 소통을 위해 직원들에게 몇 차례에 걸쳐 글을 쓰도록 과제를 준다. 평상시 글을 써 보지 않은 직원들은 매우 힘들어하기도 한다.

첫 번째는 자기 소개를 하는 일이다. 먼저 나에 대한 소개를 적어 직원들에게 보내고, 직원들도 자기소개를 적어 회신하도록 한다. 이렇게 주고받은 자기소개를 하는 조직을 이끌어 가는 데 유용한 기초 자료가 된다.

두 번째는 공동의 목표를 정한다. '우리 조직이 추구하는 목표'에 대해 간단하게 개인별로 의견을 수렴한다. 그 후 직원회의를 통해

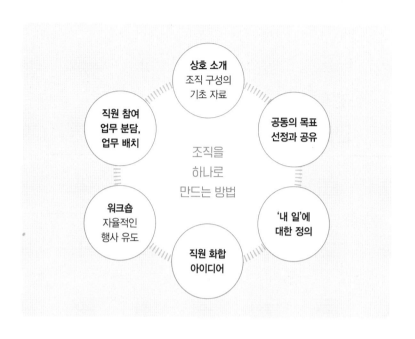

정리하는데, 이 과정을 통해 각자가 하는 일들이 궁극적으로는 조직 전체의 목표를 달성하기 위한 것이라는 사실을 자연스럽게 인식하도록 한다. 이것이 몸에 배면 자기 일이 전체에서 어떤 부분을 차지하고 있으며, 어떤 흐름을 따라가야 하는지, 다른 직원과의 협업이 왜 필요한지 등 조직원의 역할 인식이 자연스레 형성된다.

세 번째는 '지금 내가 하고 있는 일이 무엇인가?'에 대한 생각을 정리하도록 한다. 물론 업무분장표에 나와 있는 업무를 묻는 것은 아니다. 자기가 하고 있는 일이 자신에게 어떤 의미가 있고, 시민의 복리 증진에 어떤 영향을 끼치는지 생각해 보고자 하는 것이다. 이를 통해 '남 일'이 아닌 '내 일'을 한다고 자부하게 된다.

네 번째는 직원 화합을 위한 아이디어를 내도록 한다. 제출된 아이디어는 회의를 통해 직원 스스로 선택하도록 하는데, 스스로 아이디어를 내고 정했기 때문에 참여율이 높을 수밖에 없다. 직원들이 함께하는 행사라고 하면 주로 회식을 생각하기 쉬운데, 요즘은 규모가 비슷한 조직과 족구 같은 간단한 운동시합을 하거나 정기적인 등산, 영화 감상 그리고 사회봉사 활동 등이 호응도가 높다.[9] 이런 비공식 행사는 조직을 하나 되게 하는 중요한 요소이다.

이렇게 해서 글쓰기가 끝나면 조직 목표의 공유와 직원 화합을 위해 워크숍을 마련한다. 그동안 살아온 환경이 다르고, 경험한 업무도 서로 다른 입장에서 하나의 목표를 향해 힘을 합쳐 노력한다는 것이 쉬운 일은 아니다. 그래서 워크숍을 통해 서로를 존중하고 배려하려는 마음을 갖도록 하는 것이다. 조직의 목표를 공유하는 시간은 물론, 힘을 합쳐야만 성과를 낼 수 있는 레크리에이션, 두뇌게임을 병행하여 서로가 다른 인격체라는 사실을 인정하고, 공동의 목표를 위해 움직이는 하나의 공동체라는 의식과 조직의 신뢰를 쌓는다.

이 과정을 진행하는 데 보통 한두 달 정도 소요된다. 그래서 인사 이동이 있으면 직원들을 파악하는 한편, 업무 회의나 워크숍 기타 비공식 행사 등을 마련하느라 리더로서 신경 쓸 일이 많다. 그래도 이런 과정을 통해 서서히 모든 조직원이 하나가 되어 감을 알 수 있는데, 이것이 결국 조직의 힘으로 나타난다.

---

9 그동안 해 오면서 호응이 좋았던 직원 화합 아이디어로는 '달빛 사냥(보름날 밤에 인근의 산행)', 위드락데이(with樂day, 매월 1회, 1시간 이내로 간단한 레크리에이션) 등이 있다.

업무 분장
기준을 마련하라

A 팀장과 B 팀장은 오늘도 심하게 다투었다. 법령 개정으로 새로 생긴 업무를 서로 자기 업무가 아니라고 한 달째 싸우고 있다. 그러자 관련 회사 D 전무가 참다못해 C 과장을 찾아왔다.

"도대체 어디서 업무를 보아야 합니까? 시에 손해배상을 청구해야 할 판이에요."

사람 좋은 C 과장도 답답하긴 마찬가지. 그동안 중재를 위해 노력해 보았으나 두 팀장이 요지부동이라 결정을 하지 못하고 있다. 업무량이 그렇게 많은 것도 아니고, 어느 팀에서 하더라도 인력이 부족한 것 같지 않아서 더 답답하다.

급기야 D 전무는 시장실로 올라갔고, 시장의 불호령이 떨어졌다.

"이게 말이 됩니까? 과장이 뭐 하는 거예요? 이런 거 하나 정리 못하고…."

분쟁 업무의 특징

- 관련 법규가 없거나 불명확하고, 업무량이 지속해서 확대된다.
- 관련 부서의 주장에는 나름대로 근거와 일리가 있다.
- 분장에 시간이 오래 걸려 민원이 확대되거나 악화된다.
- 떠밀려 맡게 되는 부서의 불만이 많고, 해당 부서장의 리더십이 약화된다.

조직 생활을 하다 보면 주변 여건과 상황의 변화에 따라 소관이 불분명한 업무가 생기기 마련이다. 생색내기 좋은 일도 있고, 맡고 싶지 않은 일도 있다. 님비와 핌피 현상과 같이 힘든 일은 서로 떠밀고, 생색내기 좋은 일은 서로 하려고 하기 마련이다.

서로 하려고 하는 일은 누가 어떤 방식으로 하든지 좋은 결과가 나오지만, 떠미는 일의 경우에는 문제가 발생한다. 상사의 확실한 업무 정리가 없으면 일이 진행되지 않기 때문이다. 이는 조직 내에 갈등을 일으킴은 물론이고 행정의 신뢰도도 크게 떨어뜨린다.

그래서 새로운 일이 생겼을 경우의 분장 기준에 대해 나름대로 정리해 보았다.

우선 평소에 '공직이 무엇인가?'라는 뚜렷한 공직관이 조직원 간에 공유되어 있어야 한다. 행정이란 공공의 복리 증진을 위한 일을 하는 공적 영역이고, 업무 분담은 이런 목적을 달성하기 위한 수단이다. 공직관이 공유된 조직이라면 시민을 위해 빨리 소관 부서를 결정해야 한다는 기본자세가 갖추어져 있어서, 앞의 예처럼 한 달씩 싸우고만 있을 수가 없다. 갈등이 있더라도 해결에 그리 오랜 시일이 걸리지 않는다.

두 번째, 변화에 유연하게 대처하기 위한 준비를 해야 한다. 행정 조직은 안정성을 기본으로 하므로 조직 경직성이 심하다. 따라서 평소에 유연한 대응을 위한 조직 계획과 여유 인력을 파악하고 있어야 한다. 중요한 업무가 새로 생긴다면 덜 중요한 조직을 정리하여 남

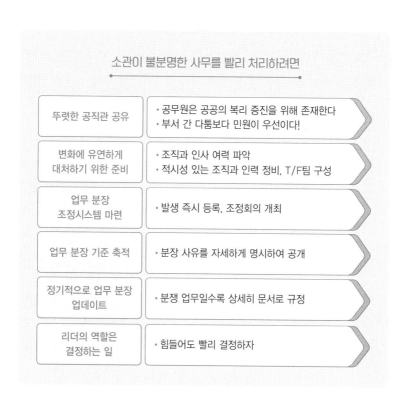

소관이 불분명한 사무를 빨리 처리하려면

뚜렷한 공직관 공유	• 공무원은 공공의 복리 증진을 위해 존재한다 • 부서 간 다툼보다 민원이 우선이다!
변화에 유연하게 대처하기 위한 준비	• 조직과 인사 여력 파악 • 적시성 있는 조직과 인력 정비, T/F팀 구성
업무 분장 조정시스템 마련	• 발생 즉시 등록, 조정회의 개최
업무 분장 기준 축적	• 분장 사유를 자세하게 명시하여 공개
정기적으로 업무 분장 업데이트	• 분쟁 업무일수록 상세히 문서로 규정
리더의 역할은 결정하는 일	• 힘들어도 빨리 결정하자

는 인력을 이 업무에 투입해야 한다. 필요하다면 T/F팀을 구성하여 유연하게 대처해야 한다.

세 번째, 업무 분장 조정시스템이 있어야 한다. 분쟁 업무가 생기면 바로 시스템에 등록하도록 하고 조정 담당 부서(자치행정과, 감사실 등)에서 1~2일 안에 조정관(부시장 등)이 주재하는 회의를 열도록 한다. 업무 수행에 따른 인력·조직 지원과 인센티브 등 후속 조치도 함께 논의해야 한다.

네 번째, 다툼이 있었던 업무의 분장 기준을 축적해 나가야 한다. 새로 생긴 업무는 사무의 목적이나, 상급관서의 담당, 관련 기관 등 여러 가지가 복잡하게 연관되어 있기 마련이므로 분장 사유와 근거 법규를 자세하게 명시해야 한다. 이런 사례들을 업무 분장 조정시스템에 공개하면 자연스레 분장 기준에 대한 공감대가 형성되며, 갈등 기간도 점점 짧아진다.

다섯 번째, 정기적으로 업무 분장을 문서로 명확하게 해야 한다. 분쟁이 있거나 분쟁이 예상되는 사무일수록 사무 분장 규정에 최대한 상세하게 정리하여 수록해야 한다. 필요할 경우 조직과 전결 규정도 함께 정리하여 논란이 확산될 가능성을 방지해야 한다. 업무 분장 담당 부서에서는 갈등 업무를 목록으로 정리해 정기적으로 갱신해야 한다.

마지막으로 리더의 역할은 '결정하는 일'임을 명심하자. 리더가 항상 좋은 소리만을 들을 수는 없다. 조직의 목표 달성을 위해서 하기 싫은 결정도 해야 하며, 대의를 위해서는 읍참마속(泣斬馬謖)의 결정이 필요할 수도 있다.[10] 그래서 리더의 자리가 외롭다고 하는 것이다. 결정권을 제대로 행사해야 조직이 안정되고, 직원들이 상사를 믿고 따르게 된다. 여기에는 당연히 무거운 책임이 따른다. 평상시 업무 분장에 대한 공감대를 형성함은 물론 조직원 간의 신뢰를 쌓아야 하는 이유이다.

일을 분담하는 기준이 명확하게 정리된 조직은 갈등을 줄이고 조기에 성과를 낼 수 있는 무형의 자산을 지니고 있는 것이나 다름없다.

업무 분장 기준이 있어야 한다

1. 신문사에서 연말 불우 이웃 돕기 음악회를 개최하면서 지원요청서를 시에 제출했다. 그런데 언론을 담당하는 공보관실과 불우 이웃 돕기를 담당하는 복지과 그리고 공연을 담당하는 문화과가 서로 주관부서가 아니라고 주장하고 있다.

평소 담당하고 있는 부서가 우선인지, 행사 목적이 우선인지, 행사 형태가 우선인지를 가지고 다투고 있는 것이다. 예산에 편성되어 있다면 간단한 일이지만, 예정에 없던 행사 지원 요청이라 정리하기가 쉽지 않다.

서로 떠미느라 검토조차 되지 않자, 신문사에서 크게 반발하고 있다. 어느 부서장의 인내심이 강한지 시험하고 있는 듯하다.

---

10 읍참마속(泣斬馬謖) : 공정한 법 집행이나 대의를 위해서는 사사로운 정을 버려야 한다는 것을 이르는 고사성어. 『삼국지』에 나오는 말로 제갈량이 위나라를 공략하는 과정에서 평소 아끼던 부하 마속이 지시를 어겨 위의 사마의에게 대패하자, 엄정하게 군율이 살아 있음을 알리기 위해 책임을 물어 눈물을 머금고 마속을 참수했다.

2. 노령인구가 증가하면서 노인여가시설에 대한 관심이 높아지고 있다. 시노인회에서 늘어나고 있는 파크골프 이용자를 위해 하천변에 시설을 조성해 달라는 요청을 하였다.

노인과와 체육시설과, 하천과가 서로 주무 부서가 아니라고 발뺌을 하고 있다. 노인여가시설이냐, 스포츠시설이냐, 하천시설이냐를 두고 다툼이 있는 것이다.

노인회장이 조만간 시청으로 항의 방문할 예정이다.

합리적인 업무 배분이
갈등을 없앤다

이 과장은 요즘 조직원들의 내부 갈등으로 고민이 많다. 직원들의 업무 능력은 다른 팀에 비교해 떨어지지 않는 것 같은데, 무언가를 지시하면 서로 간에 떠밀기 일쑤고, 이상하게 협조가 이루어지지 않는다. 직장 분위기가 침체된 나머지 사무실에 냉기마저 느껴진다.

처음에는 '시간이 지나면 해결되겠지.' 하고 기다렸지만, 점점 문제가 커지는 것 같다. 저조한 분위기 탓인지 성과도 나지 않아, 상사에게 자주 질책을 듣곤 한다.

이렇게 조직 내 갈등을 내버려 두면 조직원 간에 신뢰가 무너지고 조직의 목표를 달성하지 못하는 것은 물론 조직 자체가 와해될 수 있다.

조직 갈등에는 여러 원인이 있을 수 있겠으나, 조직의 자원이 충분한데도 갈등이 지속되고 성과가 없다면 우선 업무 분장을 살펴볼 필요가 있다. 업무량이 한쪽으로 편중되어 있거나, 업무의 중요도를 고려하지 않고 업무 분담이 이루어지면 조직원들의 불만이 쌓일 수 있기 때문이다.

업무 분담과 관련하여 조직 내에 불만이 많다면 이렇게 해 보도록 하자.

첫째, 조직이 해야 하는 업무를 빠짐없이 기록한다. 빠지는 것 없이 세부적으로 업무를 총망라한 후, 관련 업무끼리 묶어 분류한다. 문제가 되던 업무일수록 세분화하여 기록한다.

둘째, 인력 상황에 맞추어 업무량을 공평하게 배분한다. 직원들에게 일차적으로 배분을 맡기면, 자연스럽게 공평성이 확보된다. 아무리 리더가 업무를 잘 알고 결정권이 있다고 해도 임의로 배분하면 안 된다. 배분은 '누가 어떤 일을 맡을지 모른다'라는 가정하에, 인력 현황에만 기준을 두어야 한다. 이래야 배분의 공정성이 확보되고 향후 직원의 능력이 드러난다.

셋째, 조직원들의 직급과 적성을 살펴 개인별로 업무를 분담한다. 이것도 직원들의 보직 희망을 2개 정도 받아서 반영한다. 기피 업무가 있을 때는 업무 배분을 다시 검토해 보고, 그 배분이 맞는다면 이 업무에 근무평정이 우선된다고 공개하자. 고참 직원 순서로 이 업무를 배분하고, 공개한 약속은 반드시 이행해야 한다.

여기까지 직원들의 참여하에 추진된다면, 어느 정도 조직의 신뢰를 회복할 수 있다. 그러나 다음 몇 가지 사항을 함께 실시해야 조직

합리적인 업무 배분

조직의 업무를 빠짐없이 기록	· 세부적으로 총망라하고 관련 업무끼리 분류 · 서로 하지 않으려는 업무를 누락하면 안 됨
인력상황에 따라 배분	· 사람을 배제한 상태에서 인력 상황별로 직원들이 직접 배분 · 최종 결정권은 리더에게
개인별로 업무 분장	· 직원들에게 보직 희망 수렴(2~3개) · 고참 직원에게 중요 보직을 주고 이를 토대로 근무평정

의 신뢰를 지속해서 끌어낼 수 있다.

첫째, 개인별 업무 처리 매뉴얼을 작성한다. 이를 통해 업무 처리 과정 정리는 물론 업무의 우선순위와 중요도 등을 사전에 결정할 수 있어 효율적인 업무 처리가 가능하다. 여기에는 다른 직원의 협조 사항도 명시해야 하며, 업무 관행과 비하인드 스토리 등도 비공식적 으로 담아 두면 후임자가 참조할 수 있다. 다만 처음부터 너무 욕심 을 부려 완벽한 매뉴얼을 만들기보다 서서히 완성해 간다는 생각으 로 진행하는 것이 좋다.

둘째, 업무 진행 상황을 정기적으로 점검한다. 매뉴얼에 따른 진행 상황을 파악하고 조직 전체의 관점에서 피드백한다. 업무별로 직원 참여하에 점검 계획과 방법, 일자 등을 정해 두는 것이 효율적이다.

셋째, 업무 실적 평가를 공정하게 한다. 특별한 사유가 없는 한 업무 분장 당시 정한 기준대로 평가해야 신뢰가 쌓인다.

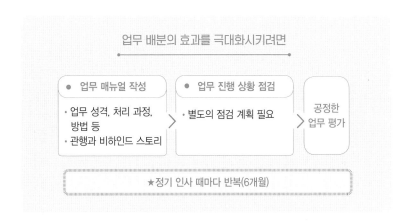

마지막으로, 이러한 과정을 주기적으로 하는 것이 중요하다. 6개월에서 1년마다 이러한 과정을 반복하여 진행해야 한다. 그래야 당장 힘든 일을 맡은 직원들도 참고 일을 할 수 있다.

조직의 갈등을 해결할 실마리는 거창하지 않다. 업무 분장에서 처리, 평가까지 투명하고 공정하게 이루어진다면 조직 내 갈등이 해소됨은 물론 기대 이상의 업무 성과를 거둘 수 있다. 업무 배분만 잘해도 그 조직은 성공으로 가는 길을 찾은 셈이다.

기피 업무, 순환 보직을 해 보자

"과장님, 저 휴직해야겠어요."

과 내에서 힘든 일을 담당하는 A가 쭈뼛거리며 말을 한다. 며칠 전 민원인과 큰 소리가 나더니 고민이 많았던 모양이다. 매일 민원인과 한바탕하고, 야근도 밥 먹듯이 하는 걸 아니 말리기도 어렵다.

올해 들어 같은 팀에서 벌써 3명째 휴직 신청이다. 팀장도 무척 힘들어하며, 다른 팀으로 옮겨 달라고 한다. 올해 인원을 보강했는데도 그 모양이다.

이런 부서에 관리자로 근무한다면 이렇게 해 보자.

앞에서 설명한 대로 업무 배분을 한 후에 근평 우대에도 불구하고 모두 거부하는 업무가 있다면, 업무 순환을 고려해 보자.

직원들과 순환 주기, 근평 등을 공개적으로 논의하되, 순환 주기는 6개월 정도를 추천한다. 이 정도가 보통 직원들이 참을 수 있는 기간이며, 정기 인사 주기이기도 하다. 이렇게 탈출구(순환)가 보장되어 있다는 것만으로도 힘든 업무를 견딜 수 있다.

또 다른 효과도 있다. 순환 보직으로 기피 업무에 대한 경험이 부서 내에 쌓이기 시작하면 직원 간에 유대감이 생기게 되어 예기치 않은 상황이 벌어져도 업무 대행이나 공동 대응이 가능하다.

기피 업무, 순환 보직이 답일 수 있다.

부하를
춤추게 하는 지시

얼마 전 부서를 옮긴 김 팀장. 무슨 일이 그리 많은지 매일 야근하고, 눈에 안 차는 직원들 때문에 모든 일을 일일이 챙기느라 죽을 지경이다.

그런데 입사 동기이며 팀장 승진도 비슷한 옆 부서 이 팀장을 보면 퇴근도 일찍 하는 것 같고, 주말에는 등산, 운동 등을 즐기는 걸 보니 여유가 있는 것 같다. 또 과장 앞에서 회의할 때 보면 항상 일 잘한다고 칭찬을 받는다.

과장에게 깨진 어느 날 저녁, 김 팀장은 이 팀장과 술자리를 하면서 하소연을 한다.

"이 팀장, 나도 당신같이 좋은 직원들 만나서 편하게 일 좀 했으면 소원이 없겠네."

평소 김 팀장이 고생하는 것을 보아 왔던 이 팀장이 말했다.

"나도 비슷한 시행착오를 겪었었지. 그런데 부하 직원을 춤추게 하는 방법이 있더라고. 한마디로 정리하면, 지시를 잘하면 돼."

이 팀장의 '부하를 춤추게 하는 지시 잘하는 비결'을 알아보자.

첫째, 지시할 사항을 명확하게 정의하라. 지시하는 업무의 목적과 주요 진행 과정, 기대치 등을 구체적으로 파악해야 한다.

둘째, 지시도 준비가 필요하다. 지시와 관련된 정보나 자료 등을 미리 수집하는 것은 물론, 담당 직원의 성격과 능력에 맞는 지시 방법에 대해서도 고민해야 한다.

셋째, 직원이 지시 내용을 정확하게 이해했는지 확인하라. 대충 이해한 지시는 대충 진행될 수밖에 없다. 지시가 끝난 후에 지시의 이유와 목적, 결과 등 중요한 내용을 다시 한번 물어보는 것이 좋다.

넷째, 권한의 범위를 명확하게 하라. 중요한 의사결정이 필요한 업무의 경우, 결정권이 누구에게 있는가를 사전에 협의해야 한다. 그래야 중대한 시행착오를 예방할 수 있다.

다섯째, 언제까지 해야 하는지 추진 일정을 명확히 하라. 처리 기한을 정해 주어야 다른 업무들과 우선순위를 조정할 수 있다.

여섯째, 중요한 일일 경우 중간 점검을 해라. 시간이 촉박하거나 중요도가 높은 업무의 경우, 점검할 시기와 점검 포인트를 미리 정해 두면 문제가 심각해지기 전에 바로잡을 수 있다.

그런데 '지시 잘하는 비결'을 익히기에 앞서, 관리자가 먼저 갖추

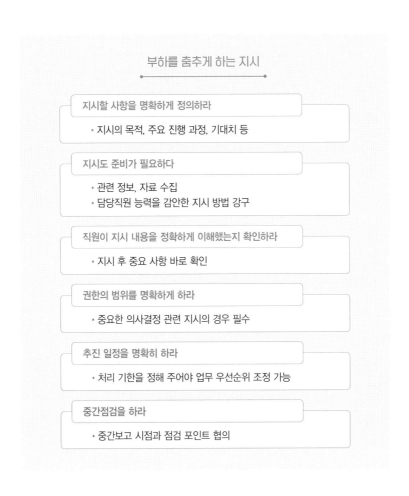

부하를 춤추게 하는 지시

지시할 사항을 명확하게 정의하라
- 지시의 목적, 주요 진행 과정, 기대치 등

지시도 준비가 필요하다
- 관련 정보, 자료 수집
- 담당직원 능력을 감안한 지시 방법 강구

직원이 지시 내용을 정확하게 이해했는지 확인하라
- 지시 후 중요 사항 바로 확인

권한의 범위를 명확하게 하라
- 중요한 의사결정 관련 지시의 경우 필수

추진 일정을 명확히 하라
- 처리 기한을 정해 주어야 업무 우선순위 조정 가능

중간점검을 하라
- 중간보고 시점과 점검 포인트 협의

어야 하는 것들이 있다.

먼저 모든 일을 내가 해야 한다는 사고에서 벗어나야 한다. 특히 초보 관리자의 경우 의욕이 넘치고 직접 일을 하던 습관이 남아서 모든 일에 직접 관여하지 않으면 불안해하는 경향이 있다.

또한, 기본적으로 지시에는 권한위임이 따르기 때문에 지시한 업

지시를 잘하는 리더가 갖추어야 하는 것

믿고 기다려라	• 권한 위임된 지시는 기다려 줘라
부하의 실수를 용인하라	• 누구나 실수를 한다 • 새로운 도전 의욕을 고취시켜라
폭넓은 안목을 갖춰라	• 넓은 시야와 풍부한 네트워크를 갖춰라

무에 대해서는 직원을 믿고 기다릴 줄 알아야 한다. 아무리 직원들이 하는 일이 시답잖게 느껴지더라도 약속된 위임 범위와 처리 기한을 고려해 기다려야 한다.

아울러 지시를 이행하는 과정에서 발생하는 부하의 실수를 용인하고, 그들에게 새로운 도전 의욕을 고취해야 한다. 직원들의 책임의식 함양과 창의력 계발 또한 관리자의 중요한 업무이기 때문이다.

마지막으로 폭넓은 안목을 갖추어야 한다. 관리자가 되면 보다 많은 정보와 인맥 등을 갖게 된다. 주변의 네트워크와 자원을 다각도로 최대한 활용하여 제대로 지시해야 한다.

일방통행식의 지시와 훈계 방식의 업무 지시는 부하를 위축시키는 치명적인 요소이다. 합리적인 권한 위임과 신뢰가 형성되었을 때 비로소 직원들은 자신의 업무에 책임감을 느끼고 창의적으로 일을 할 수 있다.

명확한 업무 지시는 단순히 해당 업무의 완료를 넘어서, 직원들의 역량과 조직을 성장시키는 첫걸음이다.

인사,
예측 가능성이 답이다

조직의 성공을 위한 리더들의 고민 중에 상당 부분이 인사(人事)에 관한 것이다. 인사가 얼마나 어려우면 "인사는 잘해도 욕먹는다", "50%만 만족하면 대성공이다"라고 하지 않는가. 인사에 불만이 생긴 조직은 신뢰가 무너지고 조직원들이 일하지 않는다. 그래서 인사를 만사(萬事)라고 한다.

인간은 개인과 공동의 이익을 위해 끊임없이 서로 관계를 맺고 협력을 한다. 공동의 목적 달성을 위해 '조직(組織)'을 만들고, 한정된 인력을 효과적으로 배치하고 결합함으로써, 각자의 역량을 단순히 더한 것 이상의 성과를 낸다.

그런데 조직 생활을 하다 보면 같은 부서, 같은 업무라도 즐거운 마음으로 일하며 높은 성과를 내는 사람이 있는가 하면, 성과가 부실한 데다 일을 못 견뎌해 전보를 요청하는 사람도 있다. 또한, 무능하다고 평가받던 사람이 자리를 옮기고 나서 유능하다는 평가를 받기도 한다. 이를 통해 개인의 적성을 잘 찾아서 배치하는 인사의 중요성을 알 수 있다.

여기에는 리더의 역할이 절대적이다. 리더는 개인의 이익보다 공동의 이익을 우선하여 조직원을 배치하고 통솔해야 한다. 리더와 '같은 학교라서(학연), 같은 고향이라서(지연), 나이가 많아서, 남자(여자)라서'와 같은 사(私)적 기준을 가지고 인사를 한다면, 조직원들이 리더를 따르지 않게 된다.

학연이나 지연에 따라 인사를 하면 소외된 학교나 지역 출신의 반발로 조직이 분열되며, 리더가 바뀔 때마다 칼바람이 불게 된다. 조선 시대 학연과 지연으로 얼룩진 당파 싸움으로 인한 사화(士禍)로 뛰어난 인재들이 한꺼번에 죽거나 귀양을 간 것을 보면 그 폐해를 쉽게 알 수 있다.

'퇴직이 얼마 안 남았는데, 너도 한 번 승진해 봐야지.' 하는 온정주의로 '나이' 위주의 인사를 한다면, 적극적으로 일을 할 유인책이 사라진 젊은 직원들의 실망으로 조직의 활력이 떨어진다.

사적 기준 인사

학연, 지연	나이, 성별	선거 보은	매관매직
일보다 친목, 조직 분열	온정주의, 조직 침체	줄 세우기	

선거 보은 인사로 불만이 생기기도 한다. "누구누구 부인이 선거 사무실에 출근 도장을 찍었다"라는 루머가 돌기도 하고, 또 실제로 줄 세우기와 보은 인사가 이루어져 조직원의 사기를 떨어뜨리기도 한다.

최악의 경우는 인사권자가 돈을 받고 승진시켰다는 말이 나오는 것이다. 과거 일부 지자체에서 '사무관은 얼마, 서기관은 얼마'라는 나쁜 관행으로 단체장이 구속되었다는 언론 기사가 나오기도 했다.

인사는 공(公)적인 영역임을 명심해야 한다. 인사는 업무의 중요도와 난이도 등을 기반으로 한 성과 평가를 중심으로 이루어져야 한다. 사적 기준으로 인사를 하면, 그 조직은 힘을 발휘할 수 없다.

그럼 좋은 인사의 원칙을 알아보자.

평소 생각하는 첫 번째 인사 원칙은 '적재적소(適材適所)'의 원칙이다. 인사 때만 되면, 업무의 성격이나 중요도 그리고 자기의 적성과 관계없이 '주무과, 주무팀'으로 가고자 하는 요구가 빗발치는데, 이는 적재적소의 원칙이 제대로 정립되지 않았기 때문이다.

조직의 힘을 극대화하기 위해서는 조직 설계를 하고, 업무에 대한

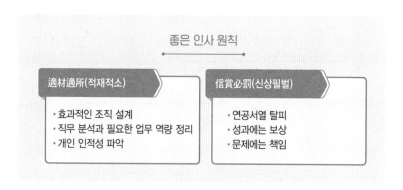

좋은 인사 원칙

適材適所(적재적소)
· 효과적인 조직 설계
· 직무 분석과 필요한 업무 역량 정리
· 개인 인적성 파악

信賞必罰(신상필벌)
· 연공서열 탈피
· 성과에는 보상
· 문제에는 책임

직무 분석이 이루어진 후에, 각 개인의 적성에 따라 인사 배치를 해야한다. 공직의 경우 기업과 같이 계량적인 직무 분석이나 평가가 힘들기는 하지만, 개략적이라도 업무별로 필요한 업무 역량을 정리해 둘 필요가 있다. 또한, 평소에 인성·적성검사 등을 통해 개인별로 적합한 업무를 정리해 두었다가 인사를 할 때 업무 필요 역량과 매치시킨다면, 인사 불만이 줄어들고 직무 만족도도 높일 수 있을 것이다.

두 번째 인사 원칙은 '신상필벌(信賞必罰)'이다. 공직사회의 경우 성과 평가의 계량화가 어렵다는 이유로 연공서열 중심의 평가가 많이 이루어진다. 이는 조직의 안정성을 확보하는 데는 유리하지만, 적극적으로 일을 하거나 성과를 내도록 유인하는 데는 어려움이 있다. 특히 하위직의 경우 연공서열에 의한 승진, 전보가 관행화되어 있어, 신규 공직자들이 열심히 근무하고자 하는 유인책이 부족한 것도 문제이다.

무능한 공무원에 대한 문책이 제대로 이루어지지 않는 경우도 많은데, 공직을 철밥통이라고 부르는 원인 중의 하나라고 생각한다. 일하지 않는 직원에게 책임을 묻기는커녕 그의 일을 덜어 잘하는 직원에게 준다면, 이는 신상필벌을 거꾸로 하는 것이다. 거기에 무능한 직원의 연공서열이 높다고 해서 평가까지도 높이 준다면 그 조직은 확실하게 성과를 내지 못할 것이며, 리더에 대한 신뢰도 무너질 것이다.

성과에는 보상을, 문제에는 책임을 묻는 것이 인사 평가의 핵심이 되어야 한다. 힘든 부서, 중요 부서에서 근무하면서 성과를 내는 직원을 우대해야 하며, 일을 제대로 하지 못하는 직원에게는 확실하게 책임을 물어야 한다.

이런 인사 원칙은 공개된 절차를 거쳐 조직원들의 공감을 얻어야 만 한다. 인사 원칙을 정할 때는 조직원의 의견을 수렴하여 불만을 최소화해야 하며, 정해진 기준과 원칙은 공개해야 한다. 그래야 인사권자가 재량권이 있더라도 함부로 인사 전횡을 하지 않게 되어 조직이 안정되고 인사에 잡음이 없게 된다.

또한, 한번 인사 원칙이 정해지면 수시로 변경하지 말아야 한다. 단체장의 입맛에 따라 인사 때마다 다른 기준을 적용하게 되면 조직원의 신뢰를 얻을 수 없다.

공적 인사 기준과 적재적소, 신상필벌 등의 인사 원칙이 잘 지켜지면 인사에 대한 예측 가능성이 생기게 된다. 누구나 자기의 적성에 따라 인사 배치될 것이며, 적정 기간 근무를 하면서 성과를 낸다면 승진할 수 있다는 것이 예측 가능하다면, 조직원 간에 먼저 승진하려고 음해를 한다든지, 무리하게 학연·지연 등을 동원하는 일이 사라지게 된다. 조직이 안정되고 성과를 낼 수 있는 기반이 마련되

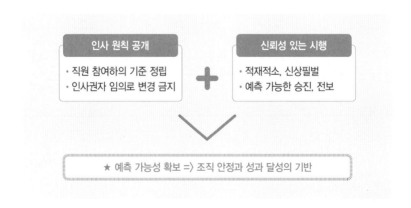

는 것이다.

성공하는 리더는 조직의 목표 달성을 위해 효과적인 조직 구성과 합리적인 인사 원칙을 먼저 고민하고 정립한다. 인사(人事)가 만사(萬事)이기 때문이다.

양궁과 히딩크에게서 배우는 인재 선발 원칙

한국 양궁은 1979년 베를린 세계 양궁 선수권 대회에서 김진호 선수가 5관왕에 오른 이후, 40여 년간 독보적인 입지를 구축하고 있다.

2012년 한국 양궁의 산증인인 한국양궁협회 서거원 전무의 강연을 들을 기회가 있었다. 그는 한국 양궁이 이렇게 놀라운 성적을 계속 올릴 수 있는 이유로 양궁 국가대표 선발 과정을 들고 있다.

국가대표 선발전은 전국의 1,500여 명 선수 가운데 랭킹 100위 안에 들어야 참가 자격을 주는데, 보통 국내 랭킹 80위 정도면 세계 어느 나라에서도 그 나라의 국가대표가 될 수 있다고 하니, 선발전에 참가하기조차 매우 어렵다는 것을 알 수 있다.

열 달간 열 번의 선발대회를 통해 선수들을 줄여 가는데, 그 열 번의 대회가 매번 다른 방식으로 치러진다. 1차전은 기본 체력 테스트 위주로 치러지며, 2차전은 추운 11월 강원도에서 닷새간 얇은 티셔츠 한 장만 입고 밖에서 치러져 악바리 정신이 없으면 버틸 수 없는 정신력 싸움이 된다. 3차전은 담력, 4차전은 집중력, 5차전은 근성, 6차전은 환경 변화에 대한 적응력 등 매번 다른 목적을 가지고 선발전이 열린다.

이렇게 해서 7차전이 끝나면 남녀 각 4명이 남는다. 이 선수들이 국내 대회 한 번, 국제대회 두 번을 더 치러 나머지 한 명을 걸러내고, 남녀 각 3명을 최종 올림픽 대표선수로 선발한다. 이런 과정을 통해 뽑힌 국가대표 선수는 더욱 강해져서, 어떤 악조건에서도 승리할 수 있다는 것이다.

이렇게 투명하고 공정한 선발 원칙이 철저하게 지켜져서 다른 스포츠에서 나오는 특정 파벌 문제 등의 잡음이 없으며, 결국 이것이 40년 이상 한국을 양궁 세계 최강국으로 만든 가장 큰 기반이라는 것이다.

이런 사례는 2002 월드컵 4강 신화의 주역인 히딩크 감독의 축구 대표 선발에서도 볼 수 있다. 히딩크의 선발 원칙은 첫째, 90분을 풀로 뛸 수 있는 체력, 둘째, 강력한 압박과 경기 속도 변화에 적응할 수 있는 능력이었다. 이런 기준으로 히딩크는 최용수, 홍명보, 유상철 등 그동안의 스타급 선수들을 과감하게 제외하고, 20대 초반의 체력 좋은 선수들을 파벌과 관계없이 선발했다.

선발 후 초기에는 경험이 부족한 선수들이 전술을 제대로 이행하지 못해, 친선경기에서 프랑스와 체코에게 5 대 0으로 대패하면서 히딩크는 '오대영 감독'이라고 불리기까지 했다. 그러나 이런 어려움을 극복하고 16강 진출조차 어려워 보였던 한국이 세계 4강의 자리에 우뚝 섰는데, 이 또한 히딩크 감독이 파벌이나 명성에 구애받지 않고 대표 선발의 원칙을 고수한 결과였다.

조직원의 합의를 거쳐 공정한 인재 선발 기준을 마련하고 투명하게 경쟁하는 룰이 정착된다면, 자연히 조직이 안정되고 신뢰가 쌓이게 되어 일을 시작하기도 전에 성공이 보장될 것이다.

악화가 양화를
구축한다

악화가 양화를 구축(驅逐)한다. 이 말은 말은 16세기 영국의 금융가였던 그레셤이 주장한 것으로 '그레셤의 법칙'이라고 알려져 있다. 이 법칙이 나오게 된 배경은 당시 영국 정부가 재정 부담을 줄이고자 표시된 금액은 같지만 이따금 순도가 떨어지는 동화나 은화를 생산했는데, 이때 사람들이 순도가 높은 주화는 저장해 두고 순도가 낮은 주화만 널리 사용한 데서 기인한다.

현대에 와서는 모든 국가에서 지폐를 주로 사용하다 보니 화폐 유통의 법칙으로서의 의미는 퇴색되었으나, 판단 오류나 정보 유통의 잘못으로 질이 떨어지는 정책이나 제품이 양질의 것을 압도하는 사회 병리 현상을 설명할 때 많이 이용된다. 특히 인사 관리 측면에서 자질이 떨어지는 사람이 유능한 직원을 밀어내는 조직 현상에 많이 인용된다.

일반적으로 단기적인 조직 성과에 매달리는 관리자는 유능한 직원들에게 더 많은 일을 주고, 부족한 직원들에게는 일을 덜어 준다. 또한, 업무 능력이 부족한 직원의 업무량을 줄여 줌으로써 조직에 잘 적응하도록 하는 것이 조직을 잘 이끄는 것이라고 생각한다.

그러나 결국 이것은 유능한 직원 입장에서는 유능하다는 이유로 업무량이 늘어 벌을 받게 되고, 업무 수행 능력이 떨어지는 직원들은 일이 줄어듦으로써 상을 받는 결과가 된다.

따라서 유능한 직원은 유능해서 혹사당한다는 생각을 하게 되고, 일을 꺼리거나 조직을 떠나는 계기가 된다.[11] 그렇게 되면 그 조직은 점점 무능력자로 채워지게 되고, 그 결과 조직의 수준은 점점 낮아지게 된다.

더욱이 근무평가를 할 때 업무의 난이도나 수행 성과와 관계없이 경력 위주의 평가를 한다면 조직의 무능력 현상은 더 빨리 진행될

잘못된 신상필벌의 악순환

유능한 직원에게 더 많은 일을 〉 평가는 私的기준 (경력, 나이, 학연 등) 〉 유능한 직원이 일을 기피 〉 조직 전체의 무력화

---

11 베스트셀러인 『90년생이 온다』(2018, 임홍택)를 보면 90년생들의 특징으로 간단함, 재미, 정직 세 가지를 꼽고 있다. 이들이 공무원을 선호하는 이유 중 하나도 공정한 채용 시스템이며, 또한 평가에 대한 '신뢰의 시스템화'를 요구한다고 한다.

수밖에 없다. 최악의 경우가 성과나 경력을 무시하고 나이가 많다는 이유로 높은 평가를 주는 것인데, 그러면 그 조직은 확실하게 성과를 내지 못한다. 즉 무능한 관리자가 '악화'를 돌봄으로써, '양화'를 구축하게 되는 것이다.

그렇다면 어떻게 해야 조직에서 악화가 양화를 구축하는 현상을 방지할 수 있을까?

먼저 업무(가치)에 대해 공평하고 합리적인 분석과 공유가 있어야 한다. 같은 금액이 표시된 주화는 동일한 순도가 보장되어야 하듯이, 개인별 업무량과 수준이 공정해야 한다. 업무 분석을 통해 난이도와 중요도를 잘 조정하고, 이 업무 분장 내용을 조직원들이 인정하고 공유하도록 해야 한다.

그러기 위해서는 직원들이 업무 분담에 직접 참여하여야 한다. 대부분 자기 일이 다른 일보다 중요하고 힘들다고 생각하기 때문에, 이 과정이 있어야 조직의 전체적인 업무 내용을 공유하고 동료들의 업무도 어느 정도 알 수 있다. 또한, 새로 생기거나 변동된 업무는 정기적으로(6개월 간격) 조정해야 한다.

두 번째, 화폐에 표시된 가치가 서로 다름을 인정하듯이 직원들의 차이를 인정해야 한다. 본인의 특성에 맞는 일을 선택할 수 있도록 기회를 주되, 명확한 업무의 목표와 평가 기준을 공유해야 한다. 경력이 오래되고 승진 순위가 앞선 고참 직원들에게 좀 더 중요하고 난도가 높은 업무를 맡김으로써 평가에 따른 불만을 미리 차단할 필요가 있다.

악화가 양화를 구축하지 못하게 하는 방법

공평한 개인별 업무량과 수준 결정
- 사람을 배제한 상태에서 직원들이 직접 배분
- 공정성 확보 및 직원 간 능력 평가 가능

적성에 맞는 업무 배분
- 직원 상황별(경력, 능력 등) : 보직 희망 수렴
- 중요한 자리에 고경력자 배치 및 상위 평가 : 회피 시 불리함 공유

정확한 피드백
- 성과평가(근무평정), 신상필벌
- 주기적(6개월)으로 반복

마지막으로 정확한 피드백이 필요하다. 가치가 높은 일을 잘 수행한 직원들에게 표창이나 우수한 근무 평가를 함으로써 '상'을 주고, 무능한 직원에게는 합당한 '벌'을 주어야 한다. 또한, 도중에 발생하는 업무 변동과 직원 적성의 문제점을 정기적으로 판단하여 이 시스템을 업그레이드시켜야 한다.

쉽지 않겠지만 악화를 조직에서 배제하는 것도 관리자의 몫이다. 조직 내 무능력자를 용인하게 되면 자연히 다른 직원들까지도 무능력한 상태로 떨어진다. 충분한 사전 경고와 '벌'에도 불구하고 조직 전체를 부정적으로 만드는 불만만 많고 냉소적인 직원들은 조직에서 내보내야 한다.

진정한 리더는 조직 내의 '악화'와 '양화'를 잘 구분하여 합리적으로 활용함으로써 건강한 조직을 만든다.

일 따로, 근평 따로

승진이나 근무평정을 하고 나면 '일하는 놈 따로 있고, 승진하는 놈 따로 있다.'라는 자조 섞인 목소리가 들리곤 한다.

판단이 쉽지는 않지만, 조직의 목표 달성을 위해서 더 중요한 부서가 있고, 누구나 꺼리지만 꼭 필요한 부서도 있기 마련이다. 이런 중요하거나 꺼리는 부서에 근무하는 직원에게 평가를 잘 주어야 조직이 시끄럽지 않고 성과도 낼 수 있다.

조직 부서의 업무 중요도와 근무 평가를 네 가지 형태로 분류하여 조직·인사관리 지표로 제공하고자 한다.

첫 번째가 업무의 중요도가 높고 근무 평가도 잘 주는 경우이다. 이 형태가 가장 바람직하며, 인재가 몰리고 지속해서 조직이 원하는 성과를 낼 수 있다. 경력이 많고 유능한 직원을 우선 배치하고 성과에 따라 승진시키면 된다.

두 번째는 업무의 중요도는 높은데 근무 평가는 잘 주지 않는 경우이다. 당연히 조직이 바라는 성과가 나지 않으며, 인재들이 빠져나가려고 한다. 경력은 적지만 유능한 직원을 교육 차원에서 배치할 수 있으나 경력 관리를 해 주어야 하며, 성과 달성이 어려울 수 있다.

세 번째는 업무의 중요도가 낮고 근무 평가도 잘 주지 않는 경우이다. 난도가 낮고 단순 반복되는 업무가 대부분이다. 새로 임용되거나 경험을 쌓을 필요가 있는 직원에게 맡기면 된다. 여기서 경험을 쌓고 유능하다는 평판을 얻게 되면 중요한 자리로 옮기게 된다.

마지막으로 업무의 중요도는 낮은데 근무 평가는 잘 주는 경우이다. 가장 안 좋은 경우로 무능한 리더의 사적(私的) 기준에 의한 인사 행태이다. 조직원의 신뢰를 잃고, 원하는 성과가 나오지 않는다. 리더를 교체해야 한다.

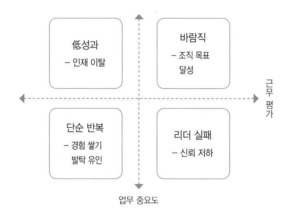

업무 중요도와 근무 평가가 잘 어우러지기 위해서는 몇 가지 전제되어야 할 것들이 있다.

첫째, 중요한 업무에 대한 정리와 성과 평가 기준이 조직원 간에 공유되어야 한다. 둘째, 중요한 업무가 새로 생기거나 중요도가 바뀔 수 있으니 정기적으로 중요도 평가를 해야 한다. 셋째, 직원 적성과 경력, 업무 성과를 고려한 경력관리(career management) 시스템을 마련해야 한다.

일과 근평이 같이 가야 불만이 없고 성과를 낼 수 있다.

사람 보는
안목을 키워라

최고의 병법서로 꼽히는 『손자병법』에는 오늘날 리더들이 되새겨 볼 만한 문장이 많이 있다. 그중에 하나가 '잘 싸우는 자는 쉽게 이길 수 있는 적을 상대한다(古之所謂善戰者, 勝于易勝者也).'라는 문장이다.

이 글은 유능한 장군은 약한 적만 골라 싸운다는 뜻이 아니라, 전투하기 전에 이미 승리를 위한 만반의 준비를 하고 전쟁에 임하기 때문에 쉽게 승리한다는 뜻이다. 즉 전쟁 전에 아군과 적군의 전력을 비교·분석하여 작전 계획을 세우고, 천기와 지형·지세 등 모든 형세를 아군에게 유리하도록 조성해 놓았기 때문에 남이 보기에 쉽게 이긴 것처럼 보일 뿐이라는 것이다.

우리가 알고 있는 이순신 장군의 임진왜란 승리도 이런 사례이다. 우리는 이순신 장군이 왜적보다 현저하게 열세인 전력을 뛰어난 전략과 강인한 정신력으로 극복하여 승리를 거두었다고 잘못 알고 있는데, 대표적으로 12척의 배로 300여 척의 왜선을 격파한 명량해전을 언급하곤 한다.

그러나 명량해전은 이순신이 모함으로 백의종군하던 동안, 그가 각고의 노력으로 이룩해 놓은 조선 수군의 모든 것이 원균의 칠천량해전 패배로 인해 한순간에 사라지고, 가까스로 남은 12척의 판옥선과 120여 명의 수군을 이용해 '죽고자 하면 살 것이고, 살려고 하면 죽을 것이다(必死卽生, 必生卽死).'의 정신으로 싸워 이긴 해전일 뿐이다.

그 밖에 40여 차례의 전투는 전쟁을 대비해 미리 건조한 우수한 성능의 거북선과 판옥선으로 왜군보다 규모가 우세한 상태에서, 해안의 지형·지세를 최대한 이용하여 승리할 수밖에 없는 상황을 만들고 나서 치른 전투였다. 즉 이미 승리가 보장된 상태에서 전투를 치른 것으로, 이순신이 명장인 이유가 바로 여기에 있다.

그러나 우리가 주의해야 할 것이 또 하나 있다.

『손자병법』을 계속 읽어 보면, '명장의 승리는, 지혜롭다는 이름도 용맹스러운 무공도 드러나지 않는다(善戰者之勝也 無智名 無勇功).'는 글이 이어진다. 즉 이렇게 철저한 사전 준비로 조용하게 승리를 거두는 명장을 제대로 알아보는 것이 쉽지 않다는 뜻이다.

다시 임진왜란 당시로 돌아가 보면 이순신 장군이 모함을 받게 되었을 때, 명장을 알아보지 못하는 선조와 조정대신들은 누구라도 이순신과 같이 승리를 할 수 있을 것이라고 착각한 나머지 원균을 새로운 수군통제사로 임명한다. 결국 원균의 대패로 조선 수군이 큰 손실을 보고 나서야 비로소 이순신의 참된 존재 가치를 깨닫게 된

『손자병법』과 이순신

잘 싸우는 자는 쉽게 이길 수 있는 적을 상대한다

- 승리를 위한 만반의 준비가 된 상태에서 전투
- 이순신 : 우수한 전함, 유리한 지형지세(40여 차례 승리)
- ※ 예외 : 명량해전(12척의 배로 사즉생)

명장의 승리는 잘 드러나지 않는다

- 리더의 안목이 중요
- 이순신의 승리가 당연하다고 생각했던 조정 : 원균 기용, 칠천량 전투 완패

다. 이는 이순신과 같은 명장을 제대로 알아보지 못한 당대의 리더, 선조의 안목이 역사학자들의 비판을 받는 이유이다.[12]

현대의 리더들도 마찬가지이다. 매일 야근하고 현장에서 땀 뻘뻘 흘리며 고생하는 직원의 모습만 보고 열심히 한다고 생각하여 신임하면 안 된다. 미리 준비된 직원은 예측한 상황에 맞춰 느긋하게 움직이기 때문에 여유가 넘쳐흐른다. 어떤 문제가 벌어져도 눈 하나 깜짝하지 않는다. 이미 모든 조치나 대책이 있기 때문이다.

이렇게 문제가 발생한 후에 열심히 해결하는 직원보다, 조용히 준비하고 성과로 말하는 직원을 제대로 알아보고 요직에 등용하여 활용하는 리더의 안목이 있어야 한다.

---

12 무능한 선조는 책임을 회피하고 자신의 무능함을 드러내지 않기 위해서 조선 수군을 전멸시킨 원균을 임진왜란 1등 공신으로 책정하는 무리수까지 두었다.

편작의 의술

중국 주대(周代)의 명의(名醫)로 널리 알려진 편작에게는 의사인 형이 둘 있었다고 한다. 어느 날 위(魏)나라 왕이 편작을 불러 "삼 형제 중에 누가 가장 실력이 좋은가?" 하고 물었다.

편작은 맏형의 의술이 가장 뛰어나며 둘째 형님이 그다음이라고 말했다. 그러자 위나라 왕은 의아해하면서 그런데도 편작이 명의로 소문난 이유를 물었다. 그러자 편작이 이렇게 말했다.

"맏형은 환자가 증상을 느끼기도 전에 얼굴만 보아도 무슨 병이 나타날 것인지를 압니다. 그래서 병도 생기기도 전에 미리 치료해 주지요. 그러다 보니 아무리 잘 치료해 주어도 사람들이 고마운 줄을 모릅니다. 그리고 둘째 형은 환자의 병세가 미약할 때 병을 알아내어 치료해 줍니다. 그래서 환자들은 자신이 그냥 간단한 치료를 받은 줄 알지 중병을 일찍 치료해 준 것을 몰라 고마워하지 않습니다. 그것이 큰형이나, 둘째 형이 별로 사람들의 입에 오르내리지 않는 이유입니다."

계속해서 편작은 말했다.

"저는 뛰어난 의사가 아니라 병이 커져서 심한 고통을 느낄 때가 되어서야 비로소 알아봅니다. 이때는 이미 병이 중해져서 맥을 짚고, 독한 처방을 해야 하고 심지어 아픈 곳을 도려내는 수술까지 해야 했습니다. 환자들은 자신이 거의 죽을 지경에 이르렀을 때 고쳐 주니까 어려운 병을 치료해 주었다고 믿고 저를 존경합니다. 이것이 삼 형제 중에서 가장 실력이 모자라는 제가 명의로 소문난 이유입니다."

명의를 알아보는 것 또한 명장을 알아보기만큼 어렵다.

권한에는
한계가 있다

"이 실장, 직위가 올라갈수록 고독해진다는 말은 들어 보았겠지?"

평소 멘토로 섬기는 공직 선배가 웃으며 하는 말이다.

"들어도 봤고 직접 느끼고 있기도 합니다. 저 스스로는 인간적으로 대하려고 노력하는데도 왠지 모르게 직원들이 저를 어려워하고 거리가 생기는 것 같아요."

"그게 모든 상사의 고민거리이기도 하지. 내심 직원들은 상사와 권한에 의한 관계보다는 '인간적인 관계'를 원한다네. 개인적이고 정서적인 유대를 바라고, 한 개인으로서 존중받고 싶어 하며, 자신들의 성장과 발전을 위해 상사가 격려해 주기를 바라지. 물론 이런 인간적인 관계가 직원의 업무 헌신과 행복한 직장 생활을 결정하는 핵심 요인으로 작용한다는 연구 결과도 많이 있고."

"저도 권위와 인간관계 사이의 중용을 찾기 힘들다는 생각을 늘

하고 있습니다. 어떻게 하면 모순처럼 보이는 이것을 현명하게 처신할 수 있을까요?"

"먼저 자네가 지닌 공식적인 권한에는 '한계'가 있다는 것을 빨리 깨달아야 하네."

직위에 따른 공식적인 권한을 앞세우는 것이 직원들의 통솔과 목표 달성에 별로 효과적이지 못한 것은 다음 몇 가지 이유에서이다.

첫째, 기본적으로 직원들은 명령을 싫어한다. 특히 얕잡아 보거나 깔보는 말투나 행동은 상사의 지시 사항을 이행하고 싶지 않은 마음이 들게 한다. 지시할 때 권위는 지키되, 친근감 있는 태도를 갖추어야 한다.

둘째, 직원들은 지시 내용보다 더 좋은 방안이 있다고 생각하고, 자신들의 판단을 따르고 싶어 한다. 직원들은 새로 온 상사보다 자기들이 더 전문가라고 생각한다. 이것을 인정하고, 지시하기 전에 충분히 협의해야 한다.

셋째, 직원들은 지시받은 것보다 더 중요한 일이 있다고 생각한다. 직원의 입장을 고려하여 마감 기한을 협의하되, 우선순위를 정하는 것은 리더의 몫임을 잊지 말아야 한다.

넷째, 직원들은 리더의 의중을 정확하게 이해하지 못한다. 아무리 명쾌하게 설명해도 바라보는 시각의 차이로 인한 오해가 존재한다. 처음부터 지시를 명확하게 하고 중간 점검 시기를 정해 두어야 한다.

다섯째, 복잡한 업무 환경의 변화로 권한의 범위가 모호해지고 있

권한에 한계가 있는 이유

직원들은 명령을 싫어한다	권위는 지키되 친근감 있는 태도로 대하라
직원들은 자기들을 전문가라고 생각한다	인정하고 협의하라
직원들은 지시받은 것보다 더 중요한 일이 있다고 생각한다	사전에 마감 기한을 협의하되, 우선순위 결정은 리더의 몫이다
직원들은 리더의 의중을 정확하게 이해하지 못한다	지시를 명확하게 하고, 중간 점검을 하라
업무 환경의 변화로 권한 범위가 모호해지고 있다	정보 교류 등 소통 분위기를 조성하라

다. 사회 각 부문의 영역이 융합됨에 따라 업무 간의 경계가 허물어지고 있어, 상사의 권한의 범위도 점점 모호해지고 있다. 아무리 세부적으로 정했다고 해도 빠지거나 중복되는 경우가 생기게 마련이다. 변화에 능동적으로 대처하기 위해서는 정보 교류 등 소통하는 분위기를 조성해야 한다.

공식적인 권한만을 가지고 조직을 이끌어 갈 수 없으며, 권한을 자주 내세우는 것은 직원들이 적극적으로 업무에 참여하는 것을 막는 역효과를 가져온다. 특히 변화와 혁신을 끌어내야 하는 리더의 경우, 이런 권한에만 의지해서는 절대 성과를 낼 수 없다. 공식적인 권한만으로는 조직원들의 헌신과 변화를 끌어낼 수 없기 때문이다.

요즘같이 사회 전반에 걸쳐 융복합이 격렬하게 일어나는 시대에서는 리더 한 사람의 능력이 아무리 뛰어나다고 해도 한계가 있다. 매사에 권한을 행사하는 방법으로 조직을 관리해서는 조직원 전체의 힘을 끌어내지 못함은 물론, 스스로 크나큰 짐을 지고 있는 것과 같다. 조직원 모두는 나름의 지식과 기술 그리고 잠재 가치를 지니고 있다는 점을 항상 유념해야 한다.

"이 실장, 조직의 목표 달성을 위해 제대로 권한을 사용하는 것은 관리자의 책무이기도 하네. 다만 권한에도 한계가 있다는 점을 명심하여, 당장 의사결정과 집행에 시간이 지체되더라도 직원들을 존중하는 개방적이고 인간 중심의 조직 문화를 조성하는 방향으로 권한을 사용하도록 하게."

독재자 체크

리더의 독재화 정도는 소통의 경직도를 보면 알 수 있다.

부하가 리더를 두려워하면서도 어렵게 소신을 이야기한다면, 독재자의 징후가 보이기 시작한 것이다. 이때 되돌아볼 수 있다면 조직의 생명을 이어 갈 수 있다.

만약 부하가 자기의 의견을 밝히지 않고 침묵한다면 이미 중증에 달한 것이다. 이때 답답하다고 질책을 하면 할수록 소통 통로는 더 경색된다.

마지막으로, 리더의 귀를 즐겁게 하는 말만 늘어놓는다면, 이제 '완전히 독재자가 되었구나.'라고 생각해도 틀림이 없다. 이때가 되면 주위의 경쟁자들이 하이에나처럼 이런 조직의 목숨을 확실히 끊기 위해 기회를 노리고 있다는 사실을 알아야 한다.

　나의 독재자 정도가 얼마나 되는지 점검해 보자.

잭 웰치가 말하는
리더의 자질

큰 조직에는 조직 목표를 달성하기 위해 일을 하는 많은 중간 리더들이 있다. 이런 리더들은 저마다의 특성을 보이는데, 조직에 필요한 리더는 어떤 유형일까?

미국의 대표적인 CEO로 평가받는 잭 웰치는 자신의 시간 중 75%를 핵심 인재를 찾아 채용하고 평가하고 배치하는 데 썼다고 한다. 그가 사용한 인재의 분류와 관리 방법이 간단하면서도 설득력이 있어 소개하고자 한다.

먼저 웰치는 조직 내의 인재를 조직의 존재 가치와 성과를 가지고 네 가지 형태로 분류하여 관리 방안을 제시하고 있다. 첫 번째는 조직의 존재 가치에 적합하고 성과도 높은 사람이다. 이런 리더들은 칭찬하고 더 높은 위치로 승진을 시킨다. 또한 큰 방향의 목표를 공유하되, 자유롭게 활동할 기회와 권한을 준다.

두 번째는 조직의 존재 가치에 부적합하고 성과도 없는 사람인데, 당연히 이런 사람은 조직에서 내보낸다.

세 번째는 조직의 존재 가치에 부합은 하지만 성과가 부족한 사람이다. 이런 리더들은 훈련과 지원을 통해 조직에 이바지할 기회를 제공한다.

네 번째가 조직의 존재 가치에는 부적합하지만, 성과를 내는 사람이다. 직원들을 괴롭히고 조직을 압박해 성과는 내지만, 이들의 존재 자체가 조직의 신뢰와 사기를 떨어트리기 때문에 경쟁력의 핵심 요소인 협동이나 신속한 대응을 기대할 수 없는 리더들이다. 웰치는 이런 리더를 '바보'라고 하면서 조직에서 배제하라고 강력하게 주장한다.

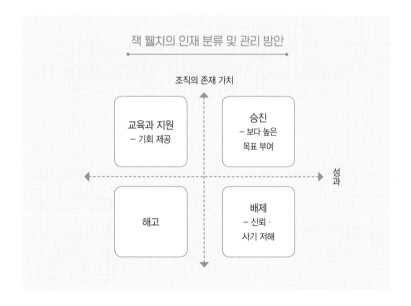

잭 웰치의 인재 분류 및 관리 방안

그만큼 조직의 존재 가치가 중요하다는 의미일 것이다. 특히 공공의 복리 증진이 존재 이유인 공조직의 경우, 공익 우선의 올바른 정신을 갖추고 있느냐가 리더에 대한 엄격한 판단 기준이 된다.

또한 웰치는 조직의 핵심 인재들을 평가하는 기준으로, 기본적으로 도덕성, 지적능력, 성숙성을, 세부적으로는 '4-E, 1-P'를 갖추고 있느냐를 들었다.

기본적으로 리더는 진실을 말하고 자기가 한 말을 지키는 도덕성(Integrity), 조직원을 이끌어 갈 만한 폭넓은 지식과 풍부한 지적 호기심을 갖춘 지적 능력(Intelligence) 그리고 스트레스나 일시적 부진을 잘 조절하고 성공을 즐기면서도 겸손할 줄 아는 성숙함(Maturity)을 갖추어야 한다.

세부 기준인 '4-E, 1-P'의 첫 번째 'E'는 Energy(에너지)이다. 언제나 의욕이 넘치는 활력이 있어야 한다. 에너지가 넘치는 사람들은 급변하는 세상에 두려움 없이 도전할 수 있다.

두 번째 'E'는 Energize(에너자이즈), 열정을 돋우는 것이다. 자신이 열정이 있어도 남들에게 열정을 일으켜 일을 시키지 못하면 리더로서의 자격이 없다. 팀에 활기를 불어넣어 어려운 과업이라도 즐겁게 추진하도록 격려하고 자극할 수 있어야 한다.

세 번째는 Edge(결단력)이다. 리더는 조직원들이 가야 할 방향에 대해 확실하게 결정을 내려 주어야 한다. 급변하는 주변 환경과 불확실한 미래에 대한 최종 결단은 리더 고유의 영역이다.

마지막은 Execute(실행력)이다. 이것은 저항과 혼란, 예기치 못한 장애를 극복하고 결정을 실행에 옮겨 마침내 성취하는 것을 의미한

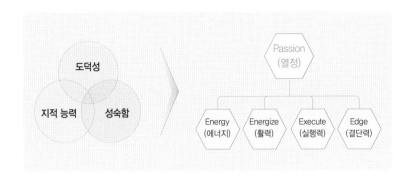

다. 충만한 에너지, 격려 능력 그리고 결단력이 있더라도 실행이 없으면 어떠한 성과도 있을 수 없다.

그리고 이 모든 4-E는 거대한 'P', 즉 'Passion(열정)'을 중심으로 활발히 움직여야 한다. 열정은 마음에서 우러나오는 깊고 진실한 흥분을 말한다. 그 어떤 능력과 기술보다 우선하는 것이 열정이다. 이 열정으로 4E를 아울러야 성공적인 결과를 만들어 낼 수 있다.

웰치가 GE를 세계적인 기업으로 키우고, 변화와 혁신의 아이콘으로 불리는 데는 이런 그만의 인재 관리와 평가 기준이 큰 몫을 담당했으리라 생각한다. 조직의 리더라면 스스로 자신이 몸을 담고 있는 조직의 존재 가치에 부합한지, 열정을 가지고 얼마나 성과를 내고 있는지 끊임없이 되돌아보아야 할 것이다.

멀티플라이어가
필요하다

어느 조직이든 리더에 따라 조직원 모두가 더 능력을 발휘하고 협동이 잘되어 높은 성과를 거두는 부서가 있는가 하면, 인재가 모여 있어도 불협화음이 심해 능력 이하의 성과를 보이는 부서가 있다. 이것은 리더 자체의 똑똑함과는 다른, 조직의 관리 능력이라고 할 수 있다.

이렇게 조직원의 탁월한 역량을 끌어내는 리더의 자질에 대해, 전 세계의 글로벌 리더 150명을 20년간 추적 연구한 리즈 와이즈먼과 그렉 맥커운의 『멀티플라이어(Multiplier)』라는 책이 있다.[13]

이 책은 조직원들이 지닌 지성과 능력을 끌어냄으로써 집단 지성을 발휘하게 하는 '멀티플라이어'와, 조직원의 아이디어를 죽이고 에

---

13 멀티플라이어(리즈 와이즈먼, 그렉 맥커운. 2012. 6 한국경제신문사)

너지를 파괴하는 '디미니셔(Diminisher)'라는 유형으로 리더를 구분하여 알기 쉽게 설명하고 있다. 이 두 부류를 끊임없이 비교하면서, '왜 멀티플라이어여야만 하는가?'에 대한 답을 제공하고 있다.

이 두 부류의 리더는 모두 수완이 좋고 통찰력이 있어 많은 영역에서 비슷한 행동 양식을 보이지만, 확실하게 구별되는 다섯 가지 차이점이 있다.

첫째, 인재를 끌어당기는 방법이다. 멀티플라이어는 재능 자석이 되어 인재를 끌어당겨 능력을 발휘하도록 한다. 중요한 것은 그와 함께 일하면 성장하고 성공한다는 것을 알고 인재들이 스스로 몰려온다는 점이다. 반면 디미니셔는 제국건설자처럼 조직을 운영한다. 직접 사람을 고르고 통제함으로써 자기편을 명확하게 하는데, 이런 인위적인 구분으로 말미암아 처음에는 디미니셔에게 끌릴 수도 있지만, 더 이상 발전하지 못하는 경우가 많다.

둘째, 일하는 분위기를 조성하는 방법이다. 멀티플라이어는 편안하면서도 열성적으로 일할 분위기를 만드는 해방자 역할을 함으로써 조직원들에게 최고의 생각을 끌어내게 하여 최선의 노력을 요구하는 치열한 환경을 만든다. 반면 디미니셔는 평가의 두려움을 이용해 폭군처럼 조직을 운영한다. 이는 결국 사람들의 생각과 일에 부정적인 영향을 끼쳐 사기를 저하시킨다. 부하 직원들에게 최고의 생각을 하라고 요구하지만, 결국 그것을 얻지는 못한다.

셋째, 도전의 영역에 대한 차이이다. 멀티플라이어는 도전자처럼 조직을 운영한다. 기회를 보여 주고 도전에 맞서게 하고 해낼 수 있

멀티플라이어		디미니셔
재능자석 – 자발적으로 옴	인재 모집	**제국건설자** – 직접 선택 통제
해방자 – 최고의 생각을 유도, 일하는 환경 조성	일하는 분위기	**폭군** – 평가의 두려움 이용
도전자 – 도전 의식 고취	도전 영역	**전지전능자** – 도전 영역의 통제
토론주최자 – 참여자 토론으로 결정 효율적 실행 가능	결정 방법	**결정자** – 추진 과정에만 몰입
투자자 – 자원 제공, 권한위임	주인의식 책임감	**간섭자** – 사소한 일까지 관여

다는 믿음을 심어 주어 지금 알고 있는 것을 넘어 도전하도록 한다. 반면에 디미니셔는 전지전능자처럼 조직을 운영한다. 자신이 가진 지식을 보여 주기 위해 직접 지시를 내리고 통제함으로써 새로운 도전은 생각조차 하지 못하게 한다.

넷째, 결정을 내리는 방법이다. 멀티플라이어는 토론주최자처럼 철저한 토론을 통해 건실한 결정이 나오도록 한다. 그래서 결정 과정에 참여한 조직원들이 이를 더 잘 이해하고 효율적으로 실행할 수 있게 만든다. 반대로 디미니셔는 결정자로서 조직을 운영한다. 그만이 결정을 내리기 때문에 조직원들은 결정을 실행에 옮기기 전,

추진 과정에 대해 논쟁하며 우왕좌왕한다.

다섯째, 주인의식과 책임감에 대한 부분이다. 멀티플라이어는 조직 전반에 걸쳐 높은 기대를 심어줌으로써 탁월한 성과를 내고 이를 유지한다. 그는 투자자처럼 성공에 필요한 자원을 제공하는 한편 일에 대해서는 높은 수준의 책임감을 부여하고 권한을 위임한다. 반면 디미니셔는 사소한 일까지 관여하는 간섭자처럼 행동한다. 그는 자신이 주인이라는 의식에 사로잡혀 있어 세세한 사항까지 관여하기 때문에 모두 디미니셔만 쳐다보게 된다.

지금은 뛰어난 한 사람의 영웅보다, 집단의 소통과 협력의 중요성이 강조되는 집단지성[collective intelligence]의 시대이다. 리더 혼자의 총명함보다 조직 인재들의 능력을 자발적으로 끌어내어 최대의 성과를 끌어내는 멀티플라이어가 필요한 때이다.

잠시 시간을 내어 지금 내가 '멀티플라이어'인지, '디미니셔'인지 점검해 보도록 하자.

나는 어느 단계의
리더인가?

2012년 '리더 역량 강화' 프로그램에 참여한 적이 있다. 이 프로그램은 리더십의 세계적 거장인 존 맥스웰(John Maxwell) 박사가 정리한 다섯 가지 리더의 단계를 기반으로 흥미롭게 진행되었는데, '나는 어느 단계의 리더인가?'를 생각해 보는 좋은 기회였다.

맥스웰 박사는 "리더십은 영향력이다."라는 단 한 문장으로 간단하게 리더십을 정의하면서, 리더의 영향력이 어디에서 오는가를 기준으로 리더의 성숙 정도를 정리하고 있다.

첫 번째 단계는 지위를 기반으로 한 리더(Position Leader)로, 주로 승진을 통해 리더십을 획득하는 단계이다. 즉 지위에 따른 권한 때문에 리더십이 생기는 것이다. 이 단계의 리더는 자신에게 단순히 지위뿐만 아니라 능력도 있다는 것을 하루빨리 보여 주어야 한다.

리더가 이 단계에서 오래 머물수록 권한만 휘두르려고 해서 조직의 이직률은 높아지고 조직원의 사기는 떨어진다. 이직이나 전보를 고려하는 직원 대부분은 바로 이 단계에 머무는 무능한 리더 때문이라고 보아도 크게 무리가 없다. 따라서 지위를 얻은 순간 책임감을 느끼고 직무와 구성원들을 완벽하게 파악하여 조직의 목표와 연계시키는 리더십으로 지위를 효과적으로 활용해야 한다.

두 번째 단계는 관계 리더(Permission Leader)로, 인간적인 신뢰를 통해 공식적인 권한 범위 밖에서도 리더십을 발휘하게 된다. 이 단계에서는 적극적으로 인간관계의 폭을 넓혀야 하며, 긍정적인 커뮤니케이션을 통해 관계를 더욱 돈독하게 해야 한다.

하지만 리더가 이 단계에 너무 오래 머물게 되면 '사람만 좋다.'는 말을 듣게 되고, 능력 있고 의욕적인 직원들은 성과보다 인간관계에 신경을 써야 하는가 하는 불안감을 느끼게 된다.

세 번째 단계는 성과 리더(Production Leader)로, 구성원들은 리더가 만들어 내는 성과 때문에 리더를 따르게 된다. 누구나 성과가 있는 팀의 일원이 되기를 원하기 때문에, 한번 탄력을 받게 되면 점점 더 좋은 결과를 가져오게 되고 문제 대부분이 손쉽게 해결된다. 또한, 미래의 더 큰 성과와 성공도 기대할 수 있게 된다.

다만 구체적인 성과를 내야만 구성원이 따르게 되기 때문에, 조직 목적에 들어맞는 새롭고 보람 있는 일을 적극적으로 찾아 추진해야 하며, 조직원의 변화와 열정을 끌어내는 활력 넘치는 조직 문화를 정립해야 한다.

사실 여기까지가 대부분의 리더들이 생각하는 최종 단계지만 맥

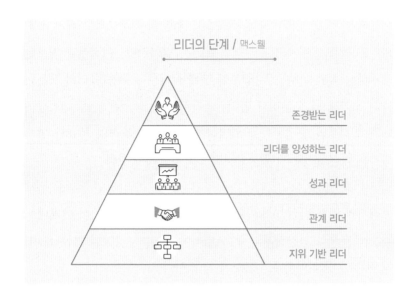

리더의 단계 / 맥스웰

존경받는 리더

리더를 양성하는 리더

성과 리더

관계 리더

지위 기반 리더

스웰 박사는 여기서 두 단계를 더 나아가야 한다고 말한다.

네 번째 단계가 리더를 양성하는 리더(People Development leader)로, 이 단계에 이르면 리더의 초점이 바뀐다. 즉, 구성원을 격려하고 이끄는 수준에서 이들을 리더로 양성하는 수준으로 나아가게 된다.

재생산의 원리를 통해서 새로운 지도자를 양성하면, 이때부터 충성심과 헌신도가 높은 그들이 리더를 대신하여 즐거운 마음으로 문제를 해결한다. 또한 육성된 리더들은 상호 신뢰가 있어서 조직의 중장기 목표를 향해 쉽게 나아갈 수 있고, 이를 통해 조직도 지속해서 성장할 수 있다.

마지막 단계는 존경받는 리더(Personhood Leader)이다. 이 단계는 극히 일부의 리더만이 도달하게 되는데, 리더가 갖춘 인격과 가치관으로 인해 사람들이 따르게 된다. 조직의 성과나 인재 육성은 물론 인격과 철학까지 갖춘 리더는 조직을 초월하여 사회 전체에 긍정적인 영향력을 미친다.

조직을 이끄는 사람이라면 누구나 존경받는 리더가 되고 싶겠지만 안타깝게도 이 다섯 단계는 한꺼번에 뛰어넘을 수 없다. 이전 단계들은 마치 탑을 쌓는 것과 같이 다음 단계로 나아가는 필수적인 기반이기 때문이다.

지위를 얻어 리더가 된 사람이라면, 자신이 어느 단계에 와 있는가를 부단히 성찰하여 존경받는 리더가 되기 위해 꾸준히 역량을 성숙시켜야 할 책임이 있다.

당신의 Note 02 *존경받는 공직 리더가 되는 법*

1. 조직의 힘은 어디에서 나오는가? 나는 조직의 신뢰를 쌓을 수 있는 리더의 자질을 함양하고 있는가?

2. 나는 직원의 일이 아닌 리더의 일을 하고 있는가? 나는 권한을 적절하게 위임하고 있는가?

3. 나는 신속하게 결정을 하고, 그에 따른 책임을 지는가? 의사결정 시 경험에 너무 의존하거나, 매몰 비용에 집착하지 않는가?

4. 우리 조직은 목표 달성을 위해 하나가 되어 움직이는가? 우리 조직의 업무 분장은 합리적인가? 소관이 불분명한 사무가 생겨도 신속하게 대처하는 시스템이 갖추어져 있는가?

5. 직원들이 나의 지시를 명확하게 이해하고 수행하는가?

6. 우리 조직은 적재적소·신상필벌의 원칙이 잘 지켜지고 있어 예측 가능한가? 나는 직원들의 능력과 적성에 맞는 인사와 평가를 하고 있는가?

7. 나는 권한에는 한계가 있다는 사실을 잘 알며, 직원들과 소통을 잘하는가? 나는 멀티플라이어인가? 디미니셔인가?

8. 나는 존경받는 리더가 되기 위해 노력을 하고 있는가?

행복의 기반
올바른 공직관

○

즐거운 마음으로 일을 할 때

기쁨과 보람을 느낄 수 있고 행복할 수 있다.

긍정적이고 적극적인 마인드로

'나와 남이 더불어 행복한 행정'을 해야겠다.

스스로에게 묻고자 한다.

"지금 행정을 하면서 행복을 느끼고 있는가?

과연 그것을 느낄 수 있는 철학을 가지고 있는가?"

나에게 공직이란
어떤 의미인가?

2015년 서울대생들의 커뮤니티 공간에 지방 9급 공무원 합격자가 쓴 글이 화제가 된 적이 있다. "내가 중요하게 생각하는 것은 '저녁이 있는 삶'이다. 그래서 공무원이 되었다."라는….

우리나라에서 한 해 취업 준비를 하는 인원이 백만 명, 그중 공무원 시험을 준비하는 사람이 40만 명이라고 한다. 과연 '공무원'이란 직업이 무엇이기에 이렇게 많은 젊은이가 공직에 들어오려고 노력하는 걸까? 이렇게 다들 선호하는 '공무원'은 어떤 일을 할까? 과연 공무원이란 직업이 '저녁이 있는 삶'을 위해 선택할 만한 일인가?

글자 그대로 보자면 공무원은 '공무(公務)'를 처리하는 사람이다. 공무란 '공적인 일'이며, 이는 사적 이익을 추구하는 것이 아니라 공적 이익, 즉 '공공(公共)의 복리 증진'이라는 목표를 지향한다.

　사람은 본능적으로 자기의 이익을 위해 생각하고 행동한다. 이해가 상충하면 남보다는 자기에게 이익이 되는 방향으로 선택하는 것이 본능이다.

　그러나 공무원은 공직이 지닌 기본 속성상 사익보다 공공의 이익을 추구해야 한다. 따라서 올바르게 공직을 수행하기 위해서는 사익을 추구하는 인간의 본능을 극복해야 한다. 즉 제대로 공직을 수행하기 위해서는 학습과 수양, 인내를 통해 공익 추구라는 공직윤리, 행정철학을 정립해야 한다.

　그렇게 본다면 저녁이 있는 삶 때문에 공무원이 되었다는 것은, 공직이 추구해야 할 기본 속성인 공익보다 사익을 추구하기 위해 공직을 선택했다는 말이 된다. 최근 들어 어렵게 공직에 들어온 지 얼마 안 돼 그만두는 젊은 공무원들이 많이 있는데[14] 그 원인 중 하나가 이런 이유의 선택 때문이라고 생각된다.

　그렇다면 공직을 통해 만족을 얻고 행복하려면 어떤 마음가짐이

14　2020년 10월 박완주 의원의 국정감사 자료를 보면 임용 5년 이내에 퇴직하는 공무원의 수가 6,664명으로 전체 퇴직자의 14.9%에 달하며, 전년보다 994명이나 늘었다.

필요할까?

아주 간단하면서도 설득력이 있는 공식인 행복방정식[행복 = 성취(달성) / 욕구(목표)]을 통해 알아보자. 이 공식대로 행복하기 위해서는 분모를 적게 하든지, 분자를 높이면 된다. 다시 말해, 욕구를 줄이거나 성취도를 높이면 행복할 수 있는 것이다. 국민소득 수준이 100위 이하인 부탄의 국민행복지수가 우리나라보다 높은 것은, 경제가 어려워도 욕심이 많지 않아 행복방정식의 분모가 작기 때문일 것이다.

그러나 공직의 행복지수를 높이기 위해 단순하게 분모를 작게 하기는 쉽지 않다. 공직의 분모는 공공의 복리 증진이라는 목표인데, 이 목표는 낮게 책정할 수도 없고 그렇게 해서도 안 된다. 또한, 이 목표는 사익 추구라는 인간 본연의 속성을 극복해야 하므로 달성하기도 쉽지 않다.

공무원이라면 시민들이 다 쉬는 명절에도 맡은 업무에 따라 특별근무를 해야 하고, 코로나 상황에서는 누구나 꺼리는 방역이나 격리자 관리 등의 업무를 해야만 한다. 공무(분모)는 내가 싫다고 해서 회피할 수 있는 일이 아니기 때문이다.

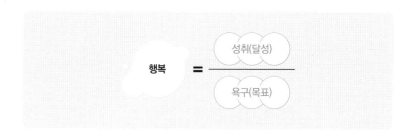

따라서 공직을 통해 행복하려면 높은 수준의 분모(목표)를 받아들이고 성취도를 높일 수밖에 없다. 공직이 결코 '저녁이 있는 삶'을 위해서 선택하는 만만한 직업이 아닌 것이다.

대신에 일을 성취했을 때의 만족도나 자부심 또한 높은 직업이 바로 공직이다. 남을 행복하게 함으로써 자기를 행복하게 한다는 것은 자기희생을 전제로 하는 높은 수준의 행복 찾기와 다름없다. 실천하기는 어렵지만, 자기희생, 즉 '봉사'가 결국 나를 위한 것이라는 사실은 수많은 위인과 선각자가 입증하고 있기도 하다.

나는 공무원으로 무슨 일을 어떻게 함으로써 공공의 복리를 증진하고 있는가를 되새겨 보자. 단순히 민원을 처리하는 것이 아니라 그 일을 통해 어떻게 시민의 행복이 높아지고 있으며, 그것이 어떻게 내 삶의 행복으로 연결되고 있는가를 말이다.

공무원은
진짜 '갑'인가?

"실장님, 공무원이 진짜 '갑'입니까?"

후배 공무원들이 회식 자리에서 하소연하며 하는 말이다. 무슨 소리인가 했더니, 요즘 무리한 민원을 제기하는 사람이 험한 말을 퍼부으며 막무가내로 행동하는 바람에 무척 스트레스를 받는다는 것이다. 민원인이 큰 소리로 "내가 낸 세금 가지고 봉급 받는 놈들이 갑질이나 하고…." 운운하며 기를 죽이고, 조금이라도 감정적으로 대하면 바로 상급기관이나 감사부서로 민원을 제기하면서 괴롭힌다는 것이다.

어느 날 청 내 복도를 걷다가 '갑질신고센터'가 불쑥 눈에 띄었다. 감사관실 입구에 붙어 있었는데, 그걸 보고 회식 자리에서 후배가 한 말이 생각나서 '공무원이 갑이긴 한가 보구나.' 하며 쓴웃음을 지은 적이 있다.

'갑을관계'의 의미를 간단히 정의하자면, 갑이 을보다 상대적으로 우위의 관계가 형성되어 있다는 말이다. 그럼 공무원이 국민보다 우위에 있다는 말인가?

이에 대한 답을 찾기 위해 국가 조직의 기본 원칙인 삼권분립에 대해 살펴보고자 한다. 지금의 민주주의를 지탱하는 중요한 원칙 중 하나가 입법, 행정, 사법의 삼권분립이다. 각각의 권력들이 서로 견제하면서 국가 권력의 남용을 막고 국민의 권리와 자유를 보호하는 것이다.

과거 왕정 시절에는 절대 군주에게 권한이 집중되어 있어 국민을 무시하고 도구화했다. 프랑스 루이 14세의 경우 '짐이 곧 국가다'라는 말을 할 정도였다. 그러나 시민혁명으로 인간의 기본권 보장, 인간 존중이라는 가치를 최우선으로 여기게 되었다. 우리나라도 헌법에 '대한민국의 주권은 국민에게 있고, 모든 권력은 국민으로부터 나온다(제1조 제2항).'라고 명시하고 있다.

그러나 모든 국민이 각자 가진 권한 행사를 한다는 것은 불가능하기도 하고 불합리하기도 하다. 따라서 정치라는 도구를 통해 국민의 의견을 대변하는 국회에서 국가의 주요 사항을 결정하게 된다. 이 결정 사항이 대표적으로 법으로 나타나기 때문에 국회를 입법부라고 한다.

이렇게 정해진 법을 집행하는 데 필요한 곳이 행정부이다. 행정부가 행정 행위를 하기 위해서는 정해진 법에 대한 판단력과 집행의 권한이 요구된다. 또한 법에 모든 것을 담을 수 없으므로, 재량 행위를 할 수 있는 권한도 함께 부여받게 된다. 이 권한은 국민 개개인이 부여해 주는 것이 아니라 '포괄적 의미의 국민'이 입법 과정을 통해 부여해 주는 것이다.

만약 공무원이 판단하고 행한 행정 행위에 동의하지 못한다면 사법기관을 통해 판단을 구하게 된다. 잘못 입법되거나 잘못 행사된 행정 행위에 대해서는 입법부나 행정부가 책임을 져야 한다. 이로써 삼권분립이 완성된다. 이렇게 분리된 삼권이 서로 견제하면서 올바

★ 공권력 (갑)

르게 행사되고 국민이 잘 따를 때 안정된 국가가 될 수 있다.

이들 삼권에는 개개의 국민이 따르도록 강제력이 부여되는데, 이를 '공권력'이라고 한다. 이 공권력이 확고해야 국가에 대한 믿음이 쌓이고 사회가 안정된다. 개인들이 자기 생각과 다르다고 법을 지키지 않아도 된다면, 사회 혼란은 물론 그 국가는 유지될 수 없을 것이다.

그래서 개개의 국민과 비교하여 공권력을 행사하는 공무원을 상대적 우위에 있도록 하는 것이다. 이런 차원에서의 상대적 우위를 '갑'이라고 표현한다면, 자기 공무에 관한 한 해당 공무원은 영원한 '갑'이라 할 수 있겠다.

그러나 공직자가 부여된 권한을 잘못 행사한다면 직권 남용이나 '갑질'이라는 소리를 듣게 된다. 올바른 권한 행사를 위해서는 기본적으로 공직의 수행이 공공의 복리를 증진하기 위함이라는 공직 윤리와 사명감을 갖추어야 한다. 또한 부단한 업무 연찬과 원칙에 따른 법 집행은 물론이고, 꾸준히 겸손하고 성실하게 인격 수양을 해야 한다.

올바른 공직관이 정립되어야 제대로 된 '공무원(갑)'이 될 수 있다.

철학이 있는
행복한 행정

한 해를 정리하는 연말이 되면 언제나 아쉬움을 느끼곤 한다.

'그때 왜 그렇게밖에 못 했나?', '그때 좀 더 잘해 줄걸….'

인간은 세상을 살아가면서 삶의 의미와 가치 그리고 행복을 추구한다. 인간이 추구하는 목표를 달성하고 만족하기 위해서는 나름의 기준이 필요한데, 이 기준을 우리는 철학(哲學)이라 부른다. 공공의 문제를 해결하고 가치를 증진하는 행정의 경우에는 이런 기준, 즉 행정철학이 더욱 중요하다.

오늘날 사회는 놀랍게 변화하고 있다. 정치·경제·기술·사회적으로 듣도 보도 못한 수많은 문제가 나타나고 있고, 더욱 복잡성을 띠고 있다. 이에 따라 이런 문제에 포괄적으로 대처할 것을 요구하는 공공조직에 대한 기대감과 책임감 또한 날로 높아 가고 있다.

그러나 이렇게 더 많은 서비스와 책임감을 요구하는 한편으로 '큰 정부'에 대한 반발 또한 매우 높은 것이 현실이다. 따라서 새로운 시각에서 더욱더 창조적이고 효율적이며 능동적인 대처가 필요하다. 복잡한 사회 현상을 인지하고 개념화하는 능력과 외부의 상황에 단순히 반응만 하는 것이 아니라 통찰력을 가지고 행정 현상을 살펴보고 분석하며 창조적으로 문제 해결 방안을 찾아야 한다.

또한, 조직·기획·인사·재무·정책 등 행정 각 분야의 새로운 기법을 개발하는 것도 중요하지만, 다양하고 복잡한 현상에 포괄적으로 대처할 수 있는 행정가의 의식, 즉 철학 정립이 우선되어야 한다.

행정을 하면서 나름 행복한 공직자가 되기 위한 몇 가지 기준을 정해보았다.

첫째, 행정 문제를 보는 안목을 키워야겠다. 행정을 '공공의 문제를 해결하는 것'이라고 간단히 정의하면, 정확한 문제 파악이 매우 중요하다. 겉으로 보이는 것이나 내가 아는 사실을 중심으로 문제를 파악하기보다는, 감추어져 있거나 문제를 해결하는 과정에서 나타날 수 있는 새로운 문제까지 살필 수 있는 능력을 배양해야겠다.

둘째, 여유가 있는 행정을 해야겠다. 문자화된 법규에만 얽매여서는 행정이 추구하는 본래 목적을 달성하기 어렵다. 모든 것을 법제화할 수 없는 것이 현실이기 때문이다. 문제 해결, 아니 문제 발생을 예방하기 위해서 법 제정의 기본 취지를 살리고 주민의 입장을 살피는 여유 있고 부드러운 행정을 해야겠다.

셋째, 함께하는 행정을 해야겠다. 전문화와 다양화 등 갈수록 불확실성이 높아지고 있는 오늘날의 문제 해결을 위해서는 다양한 분

야의 많은 사람의 참여가 필수적이다. 역지사지(易地思之)하는 마음으로 동료 직원은 물론 전문가, 관계 주민과의 공감을 통해 문제의 뿌리까지 해결해야겠다.

넷째, 즐거운 마음으로 '내 일'을 해야겠다. 즐거운 마음으로 일을 할 때 기쁨과 보람을 느낄 수 있고 행복할 수 있다. 긍정적이고 적극적인 마인드로 '남 일'이 아니라 '내 일'을 함으로써 '나와 남이 더불어 행복한 행정'을 해야겠다.

마지막으로 스스로에게 묻고자 한다.

"그대! 지금 행정을 하면서 행복을 느끼고 있는가? 과연 그것을 느낄 수 있는 철학을 가지고 있는가?"

활사개공(活私開公)의 시대

새 정부가 들어서면서 새로 뽑히는 장관들이 국회 청문회로 진통을 겪고 있다. 나라의 중요한 자리를 맡아야 하므로, 그동안 살아온 인생사가 낱낱이 파헤쳐져 검증받고 있다. 그중에서도 공과 사를 제대로 구분하지 못했다고 질책을 받는 일이 많다.

공적 정보를 이용하여 부동산 투기를 했다, 과도한 전관예우를 받았다, 업무 경비를 개인 용도로 사용했다, 표절은 물론이고 심지어는 대학원 수업에 제대로 참석하지도 않았는데 학위를 받았다는 말까지 나온다. 특정일에 골프를 쳤다는 것도 단골 메뉴이다. 아무리 유능할지라도 공사 구분 없이 공직 생활을 하면, 결국 자기 자신에게 피해가 돌아온다.

필자도 공직으로 사회생활을 시작했는데, 공직 생활을 하면서 무수히 듣는 말 중의 하나가 '공직자는 모름지기 공사 구분을 명확히 해야 한다.'라는 것이다. 공무원 정신교육 때도 흔히 하는 말이 '멸사봉공의 자세'를 확립하라는 것이었다. 사사로운 개인의 이익을 버리고 공익을 우선하라는 의미이다.

그러나 삼십 년 가까운 세월이 흐른 지금도 여전히 이 구분은 쉽지 않다. 특히 지위가 올라갈수록 나름의 기준이 세워져 있지 않으면, 인간관계에서 낭패를 보는 것은 물론이고 자신도 스트레스를 많이 받게 된다.

그래서 공적 업무와 사적 생활을 구분하는 기준에 대해 고민해 보았다.

첫째, 공적인 신분은 공무를 할 때 필요한 것이다. 사적인 영역에서는 일반적으로 상대를 존중하는 차원을 넘어서는 대우를 바라거나 그러한 처신을 하지 말아야 한다. 또한, 공적 영역이라도 과도한 배려는 지양해야 한다.

둘째, 사적인 인간관계가 공적인 권한에 영향을 미쳐서는 안 된다. 필자는 학교를 전부 청주에서 다녔기 때문에 지연과 학연에 따른 인간관계가 많은 편이다. 그러나 이런 사적인 관계로 부탁을 받으면 원망을 듣더라도 원칙을 강조하는데, 장기적으로는 이것이 인간관계를 유지하는 데 도움이 된다.

셋째, 업무를 통해 만난 공적인 관계를 사적인 관계로 연결하지 않는다. 그래도 사람인 이상 사적인 관계의 발전이 필요하다면 직무를 떠난 차원에서 가지도록 한다. 물론 이런 기준은 그때그때 사정과 상황이 달라서 슬기롭게 판단하여 적용해야 할 것이다.

그런데 한편으로 과연 공과 사가 이렇게 대립적인가도 생각해 볼 필요가 있다. 공(公)이란 것이 사(私)가 모여 생긴 것이고, 사는 공을 이루는 본질이기 때문에 이를 대립적으로만 바라보는 것은 문제가 있다는 생각이다. 이는 우리가 자유와 평등, 특수와 보편 등의 개념을 대립 관계로 보는 것이 아니라 서로 조화를 이루어야 하는 관계로 보는 것과 마찬가지이다.

따라서 멸사봉공(滅私奉公)이 아니라 활사개공(活私開公)의 행정 철학이 필요하다. 멸사봉공, 즉 사(私)를 없애(滅) 공(公)을 받드는(奉) 것이 아니라, 사(私)를 살려(活) 공(公)을 여는(開) 활사개공이 오늘날 필요한 시대정신이다.

사회가 발달함에 따라 가족이나 국가를 위해서 개인이 희생하는

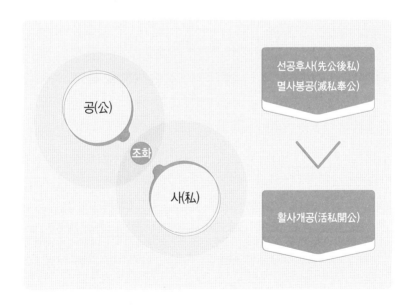

것이 아니라, 국가가 개인에게 지금 무엇을 해 주고 있으며 앞으로 무엇을 해 줄 수 있는가를 우선시하는 것이 당연시되고 있다.[15] 개인을 희생시켜 공을 살리는 것이 아니라, 개인의 주장과 인권을 살리는 것이 곧 공공의 가치를 높이는 시대이기 때문이다.

그러나 인류의 성인인 공자도 나이 칠십이 되어서야 비로소 '마음 내키는 대로 행동해도 세상 이치나 법도에 어긋나지 않았다[從心].'라고 했듯이, 사적인 행동이 공을 살린다는 것이 쉬운 일이 아닐 것이다. 공직자로서 공과 사를 적절하게 구분하고 조화시키는 성숙한 공직관을 다짐은 물론 지속해서 실천해 나가야만 가능할 것이다.

활사개공이 당연시되는 사회는 든든한 사회적 자본을 가진 셈이다.

스티브 유 vs 유승준

공적 신분과 사적 신분을 구분하기는 쉽지 않다. 시대나 상황에 따라 기준이 바뀌기 때문이다. 좋은 사례가 스티브 유 사건이다. 2002년 1월, 스티브 유는 병역 신체검사와 입영통지서를 받은 상태에서 출국해 미국 시민권을 취득하면서 전 국민의 공분을 샀고, 법무부와 병무청은 그의 입국을

---

15 필자가 공직에 들어와 처음 외웠던 것 중의 하나가 공무원윤리헌장이다. 그런데 이 헌장 앞머리에 나오는 '이 생명은 오직 나라를 위하여 있고, 이 몸은 영원히 겨레를 위해 봉사한다.'라는 문구는 받아들이기 쉽지 않았다. 왜 내 생명이 '오직' 나라를 위해 있고, 왜 내 몸은 '영원히' 겨레를 위해 봉사해야 하는가에 대해 이해가 되지 않았기 때문이다. 이 헌장 내용은 2016년 '우리는 헌법이 지향하는 가치를 실현하며 국가에 헌신하고 국민에게 봉사한다.'라는 문구로 변경되었다. 과거의 '선공후사(先公後私)', 더 나아가 '멸사봉공(滅私奉公)'의 공직윤리가 변하고 있음을 알 수 있다.

금지했다. 이 사건은 연예계뿐만 아니라 대한민국 사회 전반에 큰 파문을 불러왔고, 지금도 꾸준히 언론의 주목을 받고 있다.

스티브 유는 "유승준이 아닌 스티브 유로 불려도 저의 뿌리는 대한민국에 있고, 고국을 그리워하는 많은 재외동포 중 한 사람인 사실은 변하지 않는다."라며 "범죄자도 아니고, 권력자나 재벌도 아니며 정치인은 더더욱 아니다. 저는 아주 예전에 잠깐 인기를 누렸던 힘없는 연예인에 불과하다." 라고 주장하면서 입국 금지를 풀어 달라는 소송을 하고 있다.

이 사건이 다른 사람들의 국적 취득에 의한 병역 불이행과 다른 점은, 병역법과 관련하여 스티브 유가 '공인(公人)인가?'일 것이다. 그가 대중의 주목을 받는 공인이라면 부담해야 하는 의무의 범위는 일반인과 다를 수 밖에 없다.

포정해우(庖丁解牛)의
경지를 바라며

『장자(莊子)』「양생주편(養生主篇)」을 보면 중국 고대의 전국시대, 포정(庖丁)이라는 백정의 이야기가 나온다. 소의 뼈와 살을 발라내는 그의 솜씨는 신기에 가까워, 소에 손을 대고, 어깨를 기울이고, 발로 짓누르고, 무릎을 구부려 칼을 움직이는 동작이 음률에 맞춰 춤추는 것 같았다고 한다.

어느 날, 지나가던 왕이 궁중에서 소를 잡고 있는 포정을 보고 감탄하며 그에게 소 잡는 도(道)를 묻자, 포정은 이같이 답했다.

"처음에 제가 소를 잡을 때 제 눈에는 소의 겉모습만 보였습니다. 그러나 3년이 지나자 소의 모습이 사라지고 그때부터 소의 온전한 모습은 보이지 않게 되었습니다. 그리고 지금은 오직 마음으로 소를 대하고 일을 할 뿐입니다.

눈의 작용을 없애니 이제는 마음의 자연스러운 작용만이 있습니다. 자연의 이치를 따라 소의 **뼈**와 살 사이의 큰 틈을 벌리고 크게 비어 있는 곳으로 들어가니, **뼈**와 힘줄이 엉켜 있는 곳을 가르는 일에 실수가 없었습니다. 하물며 커다란 **뼈**다귀가 무슨 문제가 되겠습니까.

능숙한 백정이 해마다 칼을 바꾸는 것은 날이 무뎌지기 때문이며, 일반 백정이 매달 칼을 바꾸는 것은 날이 부러지기 때문입니다. 지금 제가 지닌 칼은 19년 동안 수천 마리의 소를 잡았지만, 칼날은 새로 숫돌에 간 듯합니다."

비록 백정이지만 자기의 일에서 자연의 이치를 깨달으니, 일반 백정이 매달 칼을 바꾸고 날을 세우는 데 비해, 19년 동안 칼을 숫돌에 갈 필요도 없이 사용할 수 있었다는 것이다. 이렇게 어떤 분야든지 정성을 다해 기술을 연마한다면, 자연의 도에 이른다는 것인데 참으로 쉽지 않은 일이다.

위대한 성인인 공자는 73세에 자신의 인생을 되돌아보며, 평생의 삶을 이렇게 술회했다.

"나는 열다섯에 학문에 뜻을 두었고^(志學), 서른에 학문을 터득하여 세상에 대한 뜻을 세웠고^(而立), 마흔에 어떠한 유혹에도 군자로서의 길에 흔들림이 없었고^(不惑), 쉰에 나에게 주어진 하늘의 뜻을 알았고^(知天命), 예순에 어떤 말을 들어도 거슬림이 없이 다 받아들이게 되었고^(耳順), 일흔에 세상사에 달관하게 되었다^(從心)."

공자가 말한 70세의 '종심^(從心)'은 '종심소욕불유구^(從心所慾不踰矩)', 즉 '마음 내키는 대로 행동해도 세상 이치나 법도에 어긋나지 않았다.'라는 말을 줄인 것이다. 무엇을 하더라도 세상의 도덕과 양심의 기준에 어긋나지 않고 스스로 맞아 떨어지는 자연스러운 경지에 도달했다는 말이니, 이 또한 얼마나 다다르기 힘든 경지인가? 포정이 소를 해체하는 기술로 이루었던 직업으로의 자연의 경지를, 공자는 인간의 사회 활동에까지 확대한 것이다.

불가에서도 모든 것에 집착이 없는 무애심(無碍心)의 경지를 강조한다.

사랑하든 미워하든 마음이 그곳에 딱 머물러 집착하게 되면 그때부터 분별의 괴로움이 시작되니, 사랑이 오면 사랑을 하고, 미움이 오면 미워하되 머무는 바 없이 인연 따라 마음을 일으키고, 인연 따라 받아들여 집착하지 않으면 마음에 고요한 평화가 온다는 것이다. 가히 자연스레 세상과 하나가 되는 해탈의 경지이다.

태평성세였다는 중국 요순시대의 〈격양가(擊壤歌)〉 또한 모든 것이 자연의 순리대로 풀려 가는 이상적인 세상의 모습을 노래한 것이다.

"해 뜨면 나가 농사짓고, 해가 지면 들어와 쉬노라. 우물 파서 물 마시고, 밭을 갈아 배불리 먹으니 임금의 힘이 내가 사는 데 무슨 필요가 있으리오(日出而作 日入而息 鑿井而飮 耕田而食 帝力何有於我哉)."

누구나 가진 재주를 마음껏 발휘할 기회가 있고, 그 활동이 다른 사람이나 법 제도를 생각할 필요도 없이 자연스레 어우러지는 그런 사회가 바로 유토피아가 아닐까.

어느덧 공직을 마감해야 하는 지금, 공자님의 '종심'이나 불가의
'무애심'을 바라기는 욕심이겠고, 어떻게 해야 내가 하는 일이 포정
해우의 근처에라도 갈 수 있을까 고민해 본다.

'다름'을 인정하고
더 큰 '같음'을 찾아

　직원들과 업무 관계로 한바탕한 이 팀장, 저녁에 친구인 박 팀장을 만나 하소연을 한다.

　"나 젊었을 때 일하던 거 생각하면 요즘 직원들 너무해. 도대체 일하러 온 건지, 놀러 온 건지 모르겠어. 우리 때는 안 시켜도 밤새워 일했잖아."

　계속해서 푸념이 이어진다.

　"우리 때는 상사가 죽으라면 죽는시늉이라도 했잖아. 요즘 애들은 말도 안 들어요. 고집들은 세서…."

　가만히 듣던 박 팀장, 웃으면서 한마디 한다.

　"그래, 맞아. 요즘 애들은 우리랑 달라. 그래서 나는 '직원들이 나와 다른 것이 정상'이라고 생각하기로 했어. 그랬더니 맘도 편안해지고 직원들과도 잘 지내게 되더라고."

이 팀장이 겪고 있는 상황은 50대 이상 관리자들에게서 흔히 발견할 수 있다. 인적·물적 자원이 부족한 어려운 시절을 헤쳐 나왔던 이 세대들은, 자기 생각과 일하는 방식이 다른 젊은 세대들을 이해하지 못한다.

그 결과 부하 직원들과 소통이 단절되고 갈등이 촉발됨으로써, 조직의 결속력을 저해하여 조직 목표 달성이 요원하게 된다. 또한, 개인적으로도 스트레스로 인해 삶의 질이 저하되는 결과를 가져온다. 따라서 자기 확신과 신념도 중요하지만, 시대와 상황의 변화에 따라 다양성을 인정하는 태도로의 변화가 필요하다.

여러 사람이 모여 있는 조직에는 다양한 심리와 경험들이 혼재되어 있어서, 당연히 그 속에는 갈등의 씨앗이 자리 잡고 있다. 이런 갈등을 해결하는 첫걸음이 바로 조직원들은 나와 다르므로 갈등이 있을 수 있음을 인정하는 것이다. 조직이란 서로 다른 개개인들이 모여 조화를 이룸으로써 목표를 달성하기 위해 만들어진 것이기 때문이다.

그렇다면 이런 '다름'을 받아들이기 위해 어떠한 자세가 필요할까?

먼저 조직원들은 '나와 다르다'라는 것을 마음속 깊이 인정해야 한다. 서로 다른 소리를 내는 악기들이 지휘자의 지휘에 따라 감동을 주는 교향악이 되듯이, 조직 또한 개성이 다른 사람들이 리더의 리더십에 따라 조화를 이루어 목표를 달성하는 것이기 때문이다.

두 번째, 고정관념에서 벗어나야 한다. 내가 그동안 배웠던 지식이나 경험이 지금 시대에는 틀릴 수 있다는 것을 유념해야 한다. 색

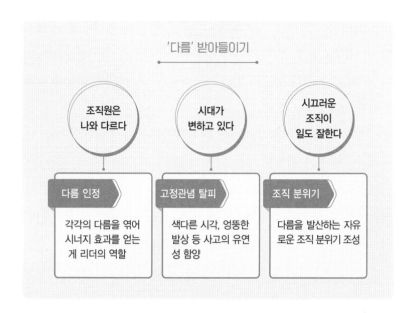

'다름' 받아들이기

| 조직원은 나와 다르다 | 시대가 변하고 있다 | 시끄러운 조직이 일도 잘한다 |

다름 인정
각각의 다름을 엮어 시너지 효과를 얻는 게 리더의 역할

고정관념 탈피
색다른 시각, 엉뚱한 발상 등 사고의 유연성 함양

조직 분위기
다름을 발산하는 자유로운 조직 분위기 조성

다른 시각에서 사물을 바라보고, 엉뚱한 발상을 해 보는 등 사고의 유연성을 키우는 훈련을 해 보자.

세 번째, 조직원들이 각자 지닌 다름을 자유롭게 표현할 수 있는 분위기를 조성해 보자. 혼자 과거의 경험과 지식으로 문제를 해결하려고 하기보다는 자유로운 참여 분위기를 조성하여 조직원이 함께 해결책을 찾는 노력을 기울이자. 시끄러운 조직이 일도 잘한다고 하지 않는가.

공자는 '화이부동(和而不同)', 즉 '서로 다른 것들을 조화롭게 하는 능력'을 군자가 갖추어야 할 덕목으로 강조했다. 또한, 서양 철학의 근간에도 '톨레랑스(tolerance)', 즉 '남에 대한 관용과 배려'가 깔린 것은 동서양 모두 '다름'을 인정하는 것을 중요하게 여긴다는 의미이다.

"모두 나와 같아지기를 바라지 마라. 매끈한 돌이나 거친 돌이나 다 제각기 쓸모가 있는 법이다."라고 하신 도산 안창호 선생님의 말씀처럼 '다름'을 당연하게 받아들이면 조직에 활력도 생기도 성과도 올라간다.

다름을 인정하고 받아들이며, 더 큰 '같음'을 찾아 상생하는 지혜를 배워 보자.

직장인의
행복 찾기

"아빠, 얼굴 잊어버리겠어요."

연말 연초 많은 행사와 회식 등으로 집에 늦게 들어가는 일이 잦다 보니 가족들의 성화가 대단하다. 하루 중 가족의 얼굴을 보는 시간보다 직장에서 동료의 얼굴을 보는 시간이 더 많다. 특히 필자와 같은 공무원의 경우, 예년보다 자주 내리는 눈을 치우는 일과 구제역 파동[16]까지 겹쳐 더 힘든 연말연시를 보내고 있다.

우리나라 직장인의 연간 근로 시간은 2016년 기준 2,052시간으로

---

16 가축(소, 돼지 등)에게 생기는 바이러스성 전염병이다. 구제역이 발생하면 축산농가가 있는 지역에 방역초소를 설치하고 도로 통제와 소독 등을 위해 지자체의 전 직원이 24시간 교대 근무에 들어간다. 또한 발생 축산농가의 반경을 따져 깊게 판 구덩이에 가축을 몰아넣는 살처분을 하는데 이에 따른 트라우마로 고생하는 공무원이 많다.

OECD 국가 중 2위라고 한다. 이렇게 많은 시간을 직장에서 보내기 때문에 직장에서의 행복이 전반적인 삶의 행복에 큰 부분을 차지한다.

우리는 직장을 어떻게 생각하고 있을까? 지겹게 일만 하는 곳이라고 생각하며, 어떻게든 빨리 퇴근하려고 하지는 않는가? 만일 직장에서 지내는 것이 지겹고 괴로워서 직장에 있을 때 자신이 불행하다고 느낀다면 인생의 상당 부분을 불행하게 사는 것이다.

따라서 '직장에서의 행복 찾기'에 대해 고민할 필요가 있다.

행복 찾기의 첫걸음은 긍정적인 마인드를 갖는 것이다. 행복하다고 생각하면 자연히 행복이 찾아온다. 이것이 유명한 '끌어당김의 법칙'이다. 우주에는 생각을 이루어 주는 기운이 있어서, 긍정적이든 부정적이든 우리가 생각하는 대로 이루어진다고 한다.

따라서 의식적으로 긍정적인 언어를 사용하며, 일부러라도 많이 웃고 즐거운 감성을 키워야 한다. 폭언, 비방, 다툼 등 부정적인 언어와 조직 문화는 피해야 한다. 기본적으로 직원 간에 서로 믿고 배려하는 분위기를 앞장서서 조성해 보자.

두 번째는 '내 일'의 의미를 제대로 아는 것이다. 자기가 하는 일이 지닌 의미에 대해 먼저 고민해야 한다. 고객의 관점에서, 조직의 목표에 이바지하는 관점에서 업무를 다시 정의하면 일에 대한 책임감이 생기고 성취감이 높아진다. 하고 싶은 '내 일'을 하므로 더욱 행복할 수 있는 것이다.

단순히 상사가 시켜서 한다고 생각하면 그 일은 '남 일'이 되어 버리고 만다. 특히 공무원의 경우 사익이 아니라 공공의 이익을 위한 일을 하므로 이런 의미 부여가 더욱 중요하며, 이를 통해 공직에 대한 자부심을 가질 수 있다.

세 번째로 중요한 것이 함께하는 '네트워크'이다. 직장인의 행복과 불행을 좌우하는 중요한 요소가 바로 대인관계다. 직장인들의 사직 이유 중 가장 많은 것이 '상사와의 마찰'이라고 한다. 나를 무시하는 상사를 만나거나, 사사건건 시비를 거는 동료와 함께한다면 당연히 출근하기가 싫어진다.

물론 이런 상사나 동료를 만나는 것이 불행이긴 하지만, 그보다 먼저 본인이 누군가에게 이런 상사나 동료는 아닐까를 생각해 보아야 한다. 이런 반성을 통해 자신을 먼저 바꿔 나갈 때 직장 생활이 행복할 수 있다. 나부터 '좋은 직장 동료'가 되어야 한다.

아울러 직장인의 행복의 뿌리는 가정에 있음을 꼭 기억하자. 가정

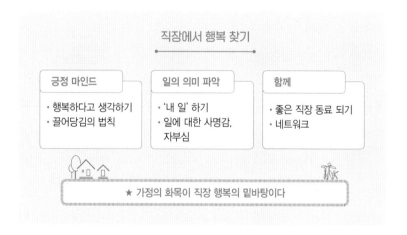

이 안정되어야 직장 생활도 행복하게 할 수 있다. 직장에서 일이 안 풀리면 집에서 자신도 모르게 표정이 어두워지고 짜증을 내게 되듯이, 부모·배우자·자식에게 안 좋은 일이 있으면 종일 직장에서 일이 손에 안 잡히기 마련이다.

직장에서의 안 좋은 감정과 기분을 가정으로 가져가지 말고, 가정의 행복을 위해 이벤트를 정기적으로 마련하는 등 시간을 내서 가족 사랑을 실천하도록 하자.

행복한 직장인은 자주 웃고 즐거워하며, 자기 일이 갖는 중요한 의미를 알고, 동료들과 좋은 인간관계를 유지한다. 아울러 가정생활에도 충실하다.

행복의 파랑새는
내 안에 있다

2012년 중국에 있는 고구려, 발해 유적과 백두산을 탐방한 적이 있었다. 심양으로 들어가서 연길로 나왔는데, 도심을 조금만 벗어나면 사람이 사는가 싶을 정도로 상당히 낡은 집들이 많이 보였다.

그러나 정작 기겁한 것은 휴게소의 화장실이었다. 위와 옆이 뚫려 있어 용변을 보는 사람들이 다 보이니, 제대로 일을 못 보는 경우가 많았다. 그래서 현지 가이드에게 "중국 사람들, 참 어렵게 사네요." 라고 했더니, 돌아오는 답변이 "그래도 여기 사람들이 한국 사람보다 행복하다고 할걸요." 한다.

"아니, 한국의 생활 수준을 몰라서 그런가요?"

"아니요. 중국인들도 한국이 잘산다는 건 잘 알고 있어요. 그래도 이 사람들은 욕심이 없어요. 그래서 대부분 행복해해요."

이런 이야기를 나누면서 행복의 기준과 조건이 무엇인가에 대해 생각해 보았다.

지금 우리나라는 세계 10위권의 경제 대국으로 어느 나라를 가든 지 부러움을 사고 있다. 개인별 국민소득도 2020년 3만 불을 돌파했 고, 싸이, BTS 등의 한류 문화와 올림픽, 월드컵 등 국제경기에서 의 선전 그리고 삼성, 현대 등 세계적인 재벌기업으로 인해 대한민 국이라는 국가 브랜드가 전 세계에 널리 알려져 있다.

그러나 전 세계 자살률 1위, 유례가 없는 저출산, 수도권 인구 편 중과 부동산 문제 등으로 우리나라의 행복지수가 OECD 국가 중 하 위권에 머물러 있는 것도 사실이다.

세계를 놀라게 하는 경제성장에도 불구하고 이런 현상이 일어나 는 이유는 무엇일까?

아마도 급속한 경제성장 속에서 하나라도 더 얻기 위해 치열하게 경쟁하면서도, 겉으로는 아무렇지도 않은 척 살다 보니 늘 불안감과 긴장 속에서 스트레스를 받고 있기 때문이 아닐까 한다. 행복해 보 이는 모습의 한 꺼풀만 벗겨 보면 감추어 두었던 상처, 분노, 슬픔 등이 가득 차 있는 것이다.

외국인이 본 한국인의 인상 또한 역동적이라는 좋은 면도 있는 반 면, 다혈질적이고 화난 사람들 같다는 평도 많은 것이 사실이다. 미 국 정신의학회는 스트레스, 갈등 등과 함께 '화병(hwabyung)'을 우리나 라 문화 특유의 질병 증후군으로 인정하고 있기까지 하다.

그럼 이런 문제를 어떻게 해결해야 할까? 앞서 말한 중국 여행 가

이드의 말이 정답일 수 있겠다. '욕심'이 없어서 행복하다는 이야기 말이다.

하버드 대학생 268명의 삶을 70여 년간 추적한 하버드대 조지 베일런트 교수는 '하버드 대학교의 인생성장보고서'라는 부제의 저서 『행복의 조건』에서, 행복은 결국 개인들의 선택 문제라고 말한다. 삶에 호기심과 열정을 갖고, 사람들과 어울려 존중과 배려하는 삶을 산다면 행복하게 늙어 갈 수 있다는 것이다.

긍정의 힘을 이야기한 유명한 책 『시크릿』에서도 좋은 마음, 긍정적인 마음을 가지면 자기를 둘러싸고 있는 우주의 좋은 기운이 원하는 것을 이루게 해 준다고 한다. 반대로 부정적인 마음을 가지면 나쁜 기운이 작용한다고 하는데, 이를 '끌어당김의 법칙'이라고 했다.

비슷하게 불교에서도 '세상사 모든 일은 마음먹기에 달려 있다'라는 뜻의 일체유심조(一切唯心造)를 강조하고 있다. 『화엄경』의 핵심 사상을 이루는 이 말은 노엽고 슬프고 짜증이 나는 일도 한 생각 돌이키면 편안해진다는 말이다.

결국, 행복은 '성적순'도, '경제순'도 아니고 마음먹기에 달려 있다. 우리가 행복하기를 '선택'하면 정말 행복해질 수 있다는 이야기다. 이렇듯 행복은 물질적 풍요보다 개인의 정신적인 풍요로움에 달려 있다. 정신적인 안정감을 느끼는 데 돈이 어느 정도의 역할을 하겠지만, 그보다 중요한 것은 바로 사람의 마음가짐일 것이다.

행복의 파랑새는 멀리 있는 것이 아니다. 우리 모두 돈 안 드는 '행복하다고 생각하기 운동'이라도 시작해 보면 어떨까.

피할 수 없으면 즐겨라

"일이 참 힘들다!"

'공직 = 저녁이 있는 삶'이라고 생각하며 공직에 들어온 새내기들이 예상과 다른 힘든 일을 맡게 되면 실망을 많이 하곤 한다.

이때 공자의 이 말을 한번 되새겨 보자.

知之者 不如好之者 好之者 不如樂之者
지지자 불여호지자 호지자 불여락지자(『논어』 「옹야편」)

처음에 어떤 일을 맡게 되면 그 일에 대해 배우게 되고, 일을 알게 된다(知之者). 이 단계에만 머무르면 '일 잘한다'라는 소리를 들을 수는 있다.

그러나 일을 통해 행복을 느끼려면 그 일을 좋아해야 한다(好之者). 명실상부한 워라밸의 경지로 접어드는 것이다.

최종 단계에서는 일이 더는 '일'이 아니라 '즐거움'이 된다(樂之者). 진정한 프로가 되는 것이다.

이것은 학문이든, 노동이든, 행정이든 마찬가지다.

피할 수 없는 일이라면 자기 암시라도 한번 걸어 보자. '나는 이 일을 좋아하고 즐기겠다'고….

어차피 하는 일은 마찬가지지만 마음가짐이 바뀌면 일이 쉬워지고 힘이 덜 든다.

우리 모두 락지자(樂之者)가 되어 보자.

'같이'의 가치,
동행(同行·同幸)

얼마 전 우리 시에서는 어렵고 힘든 이웃들에게 희망의 불씨를 지
피기 위해 묵묵히 현장에서 일하고 있는 사회복지 분야 공무원들의
사례를 모아『누군가의 희망이 되어』라는 제목의 책자를 발간했다.

이 책에는 남편 없이 치매 걸린 본처를 돌보며 생활하는 할머니
이야기, 노숙자를 돌봐 주고 장례까지 치러 준 이야기, 상상임신 등
정신질환을 앓고 있는 아내와 알코올 중독인 남편의 이야기, TV에
서나 보던 쓰레기와 함께 생활하는 할아버지 이야기, 혼자 사는 할
머니에게 손자 역할을 해 주었던 공익근무요원 이야기 등 복지 공무
원들이 겪은 생생하고 훈훈한 현장의 이야기들이 실려 있다.

이렇게 소외된 이웃들에게 아낌없이 따스한 사랑을 전하는 직원
들의 이야기를 읽다 보면, 우리 이웃들이 처한 어려운 현실과 안타
까운 사정에 눈시울이 뜨거워지곤 한다.

그래서 이 직원들과 함께 식사하면서 현장의 이야기를 직접 듣고 격려하는 기회를 가진 적이 있었다. 그 자리에서 이들이 이구동성으로 하는 말이, 어려운 이들이 정말 원하는 것은 경제적인 지원보다 '따스한 말 한마디, 자그마한 관심'이라는 것이다. 이웃과 어울림이 없는 생활에서 오는 고독감을 가장 힘들어해서, 이야기를 잘 들어주는 것만으로도 무척 고마워한다고 한다.

실제로 우리 시의 특수시책인 '생명존중 노인자살 예방' 사업의 경우, 자원봉사자인 실버행복드리미가 수시로 방문해서 대화를 나누는 독거노인들 중에는 자살자가 한 명도 발생하지 않는 놀라운 결과가 나타나기도 했다.

그리고 다들 한결같이 하는 말이 복지 공무원으로서 어려운 이들을 도와주는 과정이 처음에는 몹시 힘들었지만, 그분들에게 고맙다는 말을 들으면 자부심은 물론 대단한 행복감을 느꼈다는 것이었다. 남을 돕는다는 것이 자기 자신을 행복하게 한다는 것을 실제로 체험할 수 있었다고 한다.

국내외의 행복에 관한 연구 결과를 보면 행복한 삶이란 경제성장과 어느 정도 연관이 있지만, 이것이 행복의 충분조건이 아니라고 한다. 그래서인지 한 나라의 행복 수준도 경제적 부를 나타내는 국민총생산(GNP)과 관계가 적다고 한다.

대표적인 사례가 히말라야 산악지대에 있는 인구 70만의 작은 나라 부탄이다. 부탄의 1인당 국민소득은 3천 달러 수준으로 우리나라의 10분의 1에 불과함에도 행복 수준은 매우 높은데, 이는 부탄의 국정 운영 방향이 유무형의 '국민총행복지수' 향상에 맞추어져 있기 때문이다. 여기에는 "국민총생산보다 국민총행복(Gross National Happiness)이 더 중요하다."라는 부탄 국왕과 부탄 정부의 신념이 깔려 있다.

우리나라의 경우 세계 역사상 유례가 없을 정도로 짧은 시간 내 정치·경제·사회적으로 눈부신 성취를 이루었음에도, 국민이 스스로 '행복하다'고 믿는 비율은 국내외의 각종 조사에서 중하위권을 맴돌고 있다. "안녕들 하십니까?"라는 젊은이의 한마디가 국민의 공감을 자아내고 있는 것이 현실이다.[17]

이 시점에서 우리는 행복의 열쇠를 어디에서 찾아야 할 것인가? '빨리 가려면 혼자 가고, 멀리 가려면 함께 가라'는 아프리카 속담이 있다. 아프리카의 삭막하고 황량한 환경에서 사람이 살아남기 위해서는, 혼자 빨리 가는 것보다 함께 오래 가는 동행이 필요했으리라.

그렇다. 행복한 삶을 위해서는 좋은 사람들과 함께 가야 한다. 또한, 스스로 동반자에게 좋은 이웃이 되어야 한다. 함께 위험을 극복하고, 생존과 번영을 위한 정보와 지혜를 함께 나누어야 한다. 그속에는 서로를 믿고 더불어 살아가는 따스한 정(情)이 녹아 있어야 할 것이다.

'같이 가면 함께 행복할 수 있다(同行 同幸).'

---

17 "안녕들 하십니까?"는 2013년 12월 10일 고려대 경영학과 주현우 학생이 붙인 대자보에서 유래한 구호이다. 당시 코레일 노조원 해고, 국정원 불법 선거 개입 등 사회 현실에 대해 비판하는 글로, 타 대학은 물론 페이스북 등에 인용되면서 사회적으로 큰 영향을 끼쳤다.

누군가의
'꽃'이 되어

오 헨리의 유명한 단편소설 「마지막 잎새」를 보면, 심한 폐렴에 걸린 주인공 존시가 자신의 남은 생을 창밖으로 보이는 담쟁이 잎새와 연결 지으며, 마지막 잎새가 떨어지는 순간 자기도 죽을 것으로 생각한다.

밤새도록 세찬 비와 사나운 바람이 분 다음 날 아침, 창문의 커튼을 올린 존시는 그대로 남아 있는 담쟁이 잎새를 보고 삶의 의욕을 되찾아 건강을 회복하게 된다. 그러나 이 잎새는 아래층에 살던 늙은 예술가 베이먼이 존스의 사정을 듣고 비를 맞으며 자기 인생의 마지막 걸작으로 그려 놓은 것이었다.

이 소설에 나오는 존스처럼 많은 사람이 육체적·정신적으로 어려운 역경에 처했을 때, 특정 사물에 자기의 희망을 걸곤 한다. 그 대상의 존재에 마음의 위로를 받으며, 그 대상에 대한 책임감으로 더욱 건강한 생활을 유지한다. 대상의 존재 자체가 소유자에게 정서적 지지 기반이 되어 삶의 질을 향상시켜 주는 것이다.

이런 대표적인 사례가 반려동물이다. 홀로 사는 사람들이 개나 고양이를 키우면 정서적인 안정은 물론 신체적으로 더욱 건강하게 되며, 사회 활동 또한 활발하다는 연구 결과가 있다.

2015년 청주시는 '생명존중 노인자살 예방사업' 2주년 성과를 발표했다. 이 사업은 우리나라의 부끄러운 세계 기록인 노인자살률을 지방자치단체 차원에서 줄이기 위한 것이었다.

청주시의 노인자살 예방사업은 우울증을 앓기 쉬운 홀로 사는 노인들을 대상으로 하는데, 이 사업의 결과 2012년 92명이었던 청주시 자살 노인 수는 2013년 71명, 2014년 61명으로 꾸준히 감소하고 있다.

특히 '실버행복드리미'는 홀몸 노인과 자원봉사자를 일대일 자매결연하는 시책으로, 일반 시민, 종교 단체, 대학 등에서 참여한 자원봉사자 1,328명이 홀몸 노인과 개별적으로 인연을 맺고 정기적인 가정 방문이나 안부 전화 등으로 정을 나누고 있다. 그런데 놀랍게도 자살 고위험군으로 분류되어 자매결연한 노인들의 자살이 2년 동안 한 건도 발생하지 않는 성과가 나타났다.

이 밖에 주목할 만한 시책이 자살 고위험군 885명 중 315명을 대상으로 한 원예 활동 집단 프로그램이다. 청주시농업기술센터의 전문가들과 홀몸 노인들이 직접 식물 가꾸기 등 원예 활동을 하는 프로그램으로, 참여자들의 호응이 매우 높고 우울증 극복의 성과가 좋았던 시책이다.

단순히 식물을 가꾸어 꽃을 피우는 것이 아니라 노인들에게 '이 꽃은 내가 없으면 죽는다.'라는 책임감을 느끼게 하고, 식물과 정서적 연대감을 나눔으로써 더는 자살을 생각하지 않게 하는 효과를 거둔 것이다. 그래서 김춘수 시인도 "누가 나의 이름을 불러다오. 그에게로 가서 나도 그의 꽃이 되고 싶다."라고 말했으리라.

담벼락에 매달린 담쟁이 잎새 한 잎도 누군가에게는 희망이 되듯이, 우리 주위에는 존엄한 인간의 생명을 지키는 '꽃'이 많이 있다. 따뜻한 마음을 지닌 이웃들과 정을 나누는 반려동물 그리고 정성을 다해 가꾸는 식물들이 모두 우리 삶의 소중한 '꽃'이다.

눈을 돌려 주변에 '마지막 잎새'가 필요한 이웃이나 동료가 없는지 살펴보자. 그리고 그에게 '당신의 꽃이 되고 싶어요.'라는 따스한 시선을 보내 주는 건 어떨까?

욕심 대신
여유가 있는 삶

우리나라의 대표적인 엔터테인먼트 기획사들이 참가하여 가수 지 망생들의 실력을 겨루는 오디션 TV프로그램이 인기리에 방영되고 있다.

방송 중에 15살, 16살의 어린 여성 참가자가 듀엣으로 잭슨 파이 브의 〈I'll be there〉라는 곡을 부르면서 시원하게 고음을 뽑는 장면이 있었다. 그때 꾸밈없는 창법, 특히 고음이 올라갈 때의 편안함으로 인해 심사위원들이 극찬하는 장면이 있었는데, 심사평 중에 마음에 와 닿는 말이 있었다.[18]

"고음 발성의 교과서다. 고음이라고 해서 힘을 더 주는 게 아니라 피아노 건반과 같이 울리는 위치를 바꿀 뿐이다. 힘을 빼야 자연스

---

18 2013년 'K-팝스타2(SBS)'라는 서바이벌 오디션 프로그램에서 심사위원이던 박진영이 참가자 신지훈에게 한 말.

럽게 고음이 나온다.”

일부러 고음을 내려고 잔뜩 준비하고 힘을 주면 오히려 고음이 나오지 않는다는 말인데, 이렇게 힘을 빼야 하는 것은 꼭 노래에만 해당하는 것이 아닌 것 같다.

내가 취미로 즐기고 있는 모든 것들이 힘을 빼고 즐길 때 승률도 높고 재미도 있다.

자주 즐기는 탁구도 간단한 스트로크는 물론이고 강력한 스매싱이나 드라이브도 어깨와 팔에 힘을 빼야 속도도 나고 실수도 없게 된다. 세게 치려고 힘을 주면 공이 엉뚱한 곳으로 날아가게 된다.

배운 지 얼마 안 되는 골프도 가장 많이 지적받는 것이 ‘제발 힘 좀 빼라’는 것이다. 비거리를 늘린다고 잔뜩 힘을 주고 공을 치는데, 이렇게 힘이 들어가면 타점이 뒤죽박죽이라 방향이 제멋대로일 뿐 아니라 멀리 나가지도 않는다.

이것은 힘이 필요 없다고 생각되는 바둑을 둘 때도 느끼곤 한다. 욕심이 앞서 상대방 돌을 잡으려고만 하다 보면, 어느 순간 역공을 받아 오히려 내 돌이 잡히는 경우가 많다. 그래서 바둑 십계명이라고 하는 ‘위기십결(圍棋十訣)’[19]의 첫 번째가 바로 부득탐승(不得貪勝)인 모양이다. 이기는 데만 너무 집착하면 오히려 승리할 수 없다는 뜻이다.

그래서 상대를 공격할 때는 나의 능력과 결점 유무 등을 먼저 되

---

19 8세기경 중국의 바둑 고수 왕적신이 지은 것으로 알려져 있다. 바둑을 둘 때 명심해야 할 열 가지 비결로, 오늘날 바둑은 물론 다방면에 인용되고 있다.

돌아봐야 하고(공피고아·功彼顧我), 적의 세력권에 들어갈 때는 무모하게 서둘거나 깊이 들어가지 말아야 하며(입계의완·入界宜緩), 경솔하게 빨리 두지 말고 한 수 한 수를 신중히 생각하면서(신물경속·愼勿輕速) 바둑을 두라고 하는 것이다.

힘을 빼야 하는 것은 이런 취미 활동뿐만 아니라 우리네 인생이나 사회에서도 모두 마찬가지인 것 같다. 어려서는 남보다 좋은 학교에 가려고 무리하고, 취업을 위해 아등바등 스펙을 쌓고, 직장에서는 남보다 빨리 출세하려고 과욕을 부리는 이유가 바로 세상살이에 '힘'이 들어가서 그런 것이 아닐까.

사람의 욕망은 끝이 없어서 한 가지 욕망이 충족되면 거기에 대한 만족은 잠시뿐이고 또 다른 새로운 욕망이 생기게 된다. 그러나 사람의 생은 유한하고 세상은 한정되어 있으니 그 욕망을 어찌 다 이룰 수 있겠는가.

그래서 부처님도 팔고(八苦)의 하나로 '구부득고(求不得苦)'를 말씀하

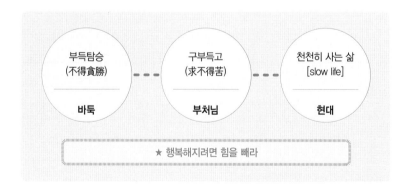

부득탐승
(不得貪勝)

바둑

구부득고
(求不得苦)

부처님

천천히 사는 삶
[slow life]

현대

★ 행복해지려면 힘을 빼라

신 것이리라. 얻을 수 없는 것을 부득이 구하고자 하니 그 얼마나 고통이겠는가.

요즘 환경과 녹색에 관한 관심이 높아지면서 '천천히 사는 삶[slow life]'에 대한 관심이 높아지고 있다. 산업사회의 산물 중의 하나인 빨리빨리 문화에 맞서 생활과 행동의 느림에서 인간 본연의 모습과 행복을 찾고자 하는 것이다.

'천천히 사는 삶'은 느림과 여유의 가치를 지향한다. '자동차가 쌩쌩 잘 달리는' 도시가 아니라, '사람이 느긋하게, 여유 있게 걸을 수 있는' 생태도시가 주목받고 있는 것도 그 일환일 것이다.

조금이라도 손해를 볼까 항상 신경을 써야만 하는 빡빡한 사회에서는, 더불어 살아가는 공동체의 행복을 느낄 수 없다. 힘을 빼야 고음이 쉽게 나오듯이, 공동의 아름다운 삶을 위해 여유를 가지고 인간다움을 우선하는 것이 '힘이 빠진 살맛 나는 사회'가 되는 지름길일 것이다.

변할 것인가,
죽을 것인가?

'변화'로 첫 이야기를 시작해 보자.[20] 사실 이 강한 제목은 변화, 혁신을 주제로 한 기사로 유명한 미국 기자 앨런 도이치먼(Alan Deutschman)의 책 『Change or Die』를 직역한 것이다. 그는 그만큼 변화의 절실함과 변화의 가치를 강조하고 있다.

도이치먼은 '죽느냐, 사느냐'는 문제의 해답을 변화에서 찾는다. 이 책은 변화에 필요한 세 가지 열쇠, 즉 관계 맺기(Relate), 반복(Repeat), 틀 다시 짜기(Reframe)를 각각의 사례에 적용하면서 흥미롭게 설명하고 있다.

우리는 변화의 필요성에 대해 쉽게 말을 하지만, 실제 구체적인

---

20 2012년 1월 서기관으로 승진하면서 지방행정연수원에서 1년간 장기연수를 받게 되었다. 연수 기간 동안 나태해지는 것을 방지하기 위해 지방지 칼럼 필진으로 참여하여 2주에 한 편씩 꾸준히 글을 쓰기로 했는데 그 첫 편이다.

행동으로 옮겨 변화에 성공하는 경우는 흔치 않다. 전문가들의 연구 결과에 의하면 평범한 사람이 변화에 성공할 확률은 10%도 되지 않는다고 한다.

그만큼 우리는 변화에 대해 공포와 압박감을 갖고 있는 것이다. 상황이 바뀌는 것에 대한 두려움과 새로운 환경에 적응해야 하는 부담감으로 변화 자체를 거부하고, 비록 변화의 필요성을 인정하더라도, 이리저리 핑계를 대며 마지막 순간까지도 변화를 수용하려 들지 않는다.

그런데도 변화를 가능하게 하는 가장 큰 요인 또한 '두려움'이라고 한다. 삶의 터전을 잃을지도 모른다는 두려움, 사업 실패에 대한 두려움…. 그런 두려움과 공포가 변화의 문을 열게 한다는 것이다.

오래전에 『누가 내 치즈를 옮겼을까?』라는 책을 읽은 적이 있다. 맛있는 치즈를 찾아 떠나는 생쥐와 꼬마 인간들의 이야기를 우화 형태로 엮은 것인데 아마 많이들 읽어 보았을 것이다. 맛있는 치즈가 가득 찬 창고에서 살던 이들이 어느 날 갑자기 치즈가 하나도 없는 상황에 놓이게 되고, 각각의 방법으로 변화에 대처해 가는 모습을 그린 책이다.

이 책을 읽으면서 치즈가 또 생길 거라는 막연한 생각으로 고집부리며 끝까지 빈 창고에 남아 있던 꼬마 인간 '허'의 모습이 내가 아닐까 하는 생각에 두려워했던 기억이 있다.

그러나 정말 중요한 것은 실패했을 때 비로소 변화하는 것이 아니라, 성공을 유지하고 더욱더 성공하기 위해 미리 변화해야 한다는 것이다.

그래서 GE의 회장이었던 잭 웰치는 "진정한 리더는 어려움을 슬기롭게 극복하는 사람이 아니라, 어려움이 닥칠 것을 예측하고 준비하는 사람이다."라고 한 것이다. 2012년 최지성 삼성전자 부회장도 미국 라스베이거스 CES 전시회 기자간담회에서 "삼성전자가 현재 매출 1위지만, 아직도 눈 뜨고 잔다."고 말을 했다. 미래를 앞서가는 리더들의 변화에 대한 치열한 인식을 확인할 수 있다.

마이크로소프트사의 빌게이츠도 성공 비결을 묻는 기자에게 "나는 힘이 센 강자가 아니고, 두뇌가 뛰어난 천재도 아닙니다. 다만 날마다 새롭게 변했을 뿐입니다. Change의 g를 c로 바꿔 보십시오. Chance가 되지 않습니까? 변화하면 기회가 옵니다."라고 답을 했다.

우리가 사는 도시 또한 마찬가지이다. 우리를 두렵게 하는 환경 파괴와 각종 사회문제가 산적해 있지만 변화한다면 분명 기회가 올 것이다. 당장 고통과 아픔을 감수하더라도, 더 나은 미래를 위해 지속 가능한 녹색성장의 길로 과감하게 변화해야 한다.

변할 것인가? 죽을 것인가? 시대의 빠른 변화에 앞서 나아갈 것인가? 변화의 물결에 휩쓸리고 말 것인가? 무엇을 선택해야 할지는 분명해 보인다.

즐겁고 힘차게
혁신의 물결 속으로

혁신(革新)! 아마도 요즘 우리 주변에서 가장 많이 들리고 있는 말이 아닐까 싶다. 무한경쟁 속의 기업은 물론이고 정부, 학교, 병원, 시민단체들까지 모든 조직이 혁신을 부르짖고 있다. 가히 '혁신 신드롬'이라 할 만하다.

최근 정부혁신지방분권위원회는 전 직원이 혁신의 리더 역할을 하게 하려고 '혁신리딩 촉진교육'을 실시했다.[21] 그 교육과정에서 나를 사로잡은 것이 바로 '근원적으로 변화할 것인가(making deep change), 아니면 점진적으로 죽어 갈 것인가(accepting slow death)'라는 말이다.

---

21 2005년 필자는 노무현 대통령이 역점을 가지고 추진하던 정부혁신과 지방분권을 총괄하는 위원회에 파견 근무를 하고 있었다. 서울 생활이 고되기는 했지만, 혁신의 총본부 역할을 하던 이곳에서 변화와 혁신에 대해 많은 것을 배웠다.

서서히 데워지는 용기에 넣은 개구리가 뜨거워 가는 물의 변화에 대응하지 않고 있다가 그냥 죽는다는 이야기는, 변화에 대응하지 못하는 사례로 흔히 소개된다. 주변 환경의 변화를 항상 주시하고 과감한 결단력으로 데워지는 용기에서 탈출해야만 살 수가 있다는 것이다.

그러나 리더에게는 같이 있는 조직원들을 함께 이끌고 나와야만 한다는 사명이 추가된다. 이 정도는 견딜 만하다고, 아니 뜨뜻하니 얼마나 좋으냐고 뒷다리를 붙들고 있는 다른 개구리들을 설득하고 함께 뛰쳐나와야 하는 것이 바로 혁신리더의 역할인 것이다.

기존의 규율이나 관계를 손상할 수밖에 없는 혁신의 특성상, 조직의 반발과 불화 등 갈등이 발생하기 마련이다. 지금까지 익숙하던 방식을 버려야 한다는 것, 잘 모르는 일과 새로운 일을 해야 한다는 것, 새로운 기술과 방법을 익혀야 한다는 것 등의 불평이 저항으로 이어진다.

혁신리더는 반드시 해낼 수 있다는 신념을 가지고 조직원들에게 비전을 제시하고 희망찬 미래에 대한 공감대를 형성해야 한다. 변화는 두려운 것이 아니라 즐기는 것이라는 조직 문화를 만들어야 한다. 점점 치열해져만 가는 무한 경쟁과 급변하는 주변 상황은 우리에게 잠시의 멈춤과 휴식도 허용하지 않고 있다. 말 그대로 끊임없이 변화해야만 살 수 있는 것이다.

찰스 다윈은 "지구상에서 살아남은 종족은 가장 힘센 종족도 가장 지능이 높은 종족도 아닌 환경에 가장 잘 적응한 종족이다."라고 했다.

빠르게 변화하는 글로벌 환경에 적응하기 위해서는 끊임없는 자기 학습이 전제돼야 한다. 변화의 질과 속도를 감지하고 대응해야만 올바른 방향으로 나아갈 수 있기 때문이다. 그런 점에서 최근 우리 사회에 불고 있는 평생교육, 자격증 열풍은 순기능으로 작용할 것이다.

오효진 청원군수의 '조건부 수용' 발표로 급물살을 타고 있는 청주 청원 통합도 지방행정 구조의 일대 혁신이라 할 수 있다.[22] 특히 중앙부처의 시책에 따른 상의하달 방식이 아닌, 주민 자율 방식으로 추진된다는 점에서 큰 가치가 있다고 생각한다.

변화에 대해 스스로 파악하고 다른 의견을 청취하고 판단하는 과정이 주민들의 지방자치 마인드를 강화하는 데 최적의 기회가 될 것으로 확신한다. 이 같은 혁신적인 상황은 청주시, 청원군이라는 각각의 고치 속에 갇혀 있던 행정공무원들에게도 적지 않은 의식의 변화를 초래할 것이다.

단순히 공무원 신분상의 안위를 지키기보다는 급변하는 환경 속에서 어떻게 변할지를 진지하게 고민하게 될 것이다. 문제는 즐겁게 힘차게 변화의 물결 속에 자신을 던져야 한다는 것이다. 평생 한 번의 기회를 맞게 된 것이 오히려 축복이라고 생각해 보시라.

---

22 2005년 7월 한대수 청주시장과 오효진 청원군수는 통합에 대한 합의문을 발표하고 통합을 추진했다. 그러나 그해 9월 주민투표 결과 청원군민의 반대로 무산되었다. 결국, 2012년 6월 청주 청원은 진통 끝에 주민투표로 통합이 결정되어, 2014년 7월 통합시가 출범했다.

뒷다리 잡는 개구리

"석기 시대가 끝난 것은 돌이 없어서가 아니다." 1970년대 OPEC 시대를 연 사우디아라비아의 석유장관 세이크 자키 야마니의 말이다.

그는 고유가가 석유 시대를 빨리 종식할 것이라며, 새로운 에너지의 개발비용보다 저렴한 유가 정책을 펼칠 것을 주장했다. 석유 시대의 마감은 석유의 고갈보다 대체에너지의 개발에서 비롯될 것을 예견했던 것이다.

이는 결과적으로 태양광, 수소 등 친환경 대체에너지의 개발이 늦춰진 원인이 되기도 했다.

인류의 건강하고 행복한 삶이 탈석유에 있다고 호소하는 혁신리더의 뒷다리를 교묘하게 잡았던 것이 아니었나 생각해 본다.

붉은 깃발이
펄럭이고 있지 않은가?

　최근 우리나라 자동차가 독일, 일본, 미국 등 다른 나라의 자동차와 품질과 가격 면에서 뛰어난 경쟁력을 보이면서 세계 시장에서 우수한 실적을 올리고 있다는 반가운 소식이 들린다. 자동차 산업은 고용 규모가 크고 연관 산업의 유발 효과가 매우 커서 국가 경제의 큰 축을 담당하는 중요한 산업으로 평가받고 있다.

　그런데 자동차가 탄생한 초기 역사를 보면, 재미있는 이야기가 있다. 자동차는 영국에서 만들어졌다. 제임스 와트는 1765년 증기기관을 만들어 산업혁명을 촉발했으며, 1839년에는 앤더슨이 전기자동차를 개발하기도 했다.

　그런데 이런 기술의 개발에도 불구하고 지금 세계적으로 이름 있는 자동차 회사들은 거의 미국, 독일, 일본의 회사들이다. 최초로 자동차를 만든 영국이 어째서 자동차 산업에서 우월한 입지를 구축하지 못한 것일까.

경제학자들은 그 요인을 1865년 제정된 붉은 깃발법(Red Flag Act)에서 찾는다.

영국에서 시속 40㎞의 '빨리 달리는 기계', 즉 자동차가 등장하자 마차와 관련된 사람들이 당장 생업에 지장을 받게 되었다. 결국, 이들은 정치인들에게 자동차 규제를 위한 청원을 내게 된다.

당시 정치인들은 자동차 산업의 중요성보다 청원인들의 표를 의식하여 모든 자동차가 시내에서 시속 3.2㎞ 이상 달리지 못하게 제한하고 운행할 때 많은 세금을 부과하는 내용의 법률을 제정했다. 이것만으로 안심이 안 되었던지 빅토리아 여왕은 여기에 '붉은 깃발'을 더 추가했는데, 자동차 30m 앞에서 사람이 붉은 깃발을 들고 소리로 경고(?)하며 운행하라는 것이었다.

이렇게 되자 마차와 관련된 업종의 사람들은 환호했지만, 영국에서는 더는 자동차를 만들 사람도 살 사람도 없게 되었다. 결국, 이 법이 계기가 되어 영국에서 탄생한 자동차 기술이 유럽의 다른 나라로 이전되었다.

유럽 대륙에서 자동차로 쌩쌩 달리다가 영국에만 오면 마차를 타고 한나절이 걸려 이동하던 영국인들이 견디지 못하고 이 법을 폐지한 것이 30년이나 지난 1896년이었고, 그때는 이미 황금알을 낳는 자동차 산업을 독일과 프랑스가 석권한 뒤였다.

결국 자동차 산업도 잃어버리고, 마차의 보호라는 입법 취지마저 무색해진 것이다. 또한, 이때부터 '붉은 깃발'은 잘못된 판단으로 산업경쟁력을 저하하는 잘못된 정부 규제의 상징이 되어 버렸다.

당시의 시대적 상황으로 보아, 마차 산업은 쇠퇴할 수밖에 없는 산업이었다. 보호보다는 적절히 다른 산업으로 분산 배치하는 정책이 필요한 시점이었다. 그런데도 기득권자들의 욕심과 표를 의식한 정치인들의 판단으로 인해 결국 중요한 산업이 발전할 기회를 놓치게 된 것이다.

오늘날에도 여러 분야에서 이런 사례를 찾아볼 수 있다. 필름 제조업체로 유명한 코닥의 연구팀은 1975년 세계 최초로 필름이 필요 없는 디지털카메라를 만들었다. 하지만 디지털카메라가 상용화되면 필름 수요가 급격하게 줄어들 것을 우려한 경영진의 잘못된 판단으로 기술을 사장하게 되었고, 결국 디지털카메라의 대중화에 밀려 회사가 파산하는 지경에 이르렀다.

한때 세계 휴대폰 시장을 40% 가까이 석권했던 노키아의 사례도 시사하는 바가 크다. 제지업에서 핸드폰을 생산하는 기업으로 변신을 하면서 혁신의 대표 사례로 꼽혔던 노키아가 스마트폰의 통합적 환경을 등한시하다가 지금은 몰락이라는 말을 들을 정도로 고전하고 있다.

이런 기업들은 경쟁사보다 앞선 기술과 자원이 있었시만, 기존 제품이나 관습에만 매몰돼 시대 트렌드를 읽어 내지 못한 잘못으로 회사가 존폐의 갈림길에 서게 된 것이다.

지금 시대는 숨 가쁘게 변화하고 있다. 잠시의 방심이나 정체가 바로 기업이나 국가의 몰락으로 이어지는 시대인 것이다. 지금 우리 주변에도 변화에 저항하는 기득권자들이 붉은 깃발을 펄럭이고 있지 않은지 끊임없이 성찰할 필요가 있다.

어떻게
변할 것인가?

'변할 것인가, 죽을 것인가?'라는 조금은 과격한 제목의 첫 칼럼을 쓴 지 어느덧 1년이 되었다.[23] 그동안 필자 자신도 얼마나 변했는지 궁금하기도 하다. 물론 1년간의 장기교육을 통해 유명강사들의 훌륭한 강의를 들었고, 전국의 여러 도시와 세계의 선진도시들을 돌아보면서 색다른 것을 많이 보았으니 변하긴 했으리라.

개인의 변화도 중요하겠지만, 우리가 일하고 있는 조직이나 우리가 사는 도시의 변화 또한 매우 중요하다.

그럼 변화는 어떻게 해야 할까?
변화의 출발은 '이대로는 안 된다.'는 문제 인식에서 시작된다. 우

---

23 2012년 지방행정연수원에서 1년간 공무원 장기연수를 받으며 시작했던 칼럼을 정리하는 차원의 글이다.

리는 작게는 개인의 문제부터 크게는 지구, 더 나아가 우주의 문제까지 수많은 문제를 안은 채 살아가고 있다.

지금 논의가 활발한 청주시의 중앙버스전용차로제는 개인의 이동 수단이 '대중교통이냐, 자가용이냐?'의 문제를 넘어, 녹색 환경 그리고 인간과 도시의 지속 가능성에 대한 문제이다. 이렇게 문제가 제기되어야만 비로소 변화가 시작될 수 있다.

두 번째로, 제기된 문제를 다양한 시각에서 분석하고 정리할 필요가 있다. 문제는 보통 상대성이 있어서, 보이는 쪽만 해결하려고 하면 다른 쪽에서 더 큰 문제가 생길 수도 있다. 그래서 문제를 바르게 볼 줄 아는 균형 잡힌 시각이 필요하다. 문제와 관련된 사람과 조직, 그들을 둘러싸고 있는 환경 그리고 문제의 크기와 파급력 등을 골고루 살펴보아야 한다.

세 번째로, 공감하는 해결 방안의 도출이다. 다양한 시각에서 문제를 살펴보면, 해결 방안도 다양하게 나오게 된다. 이렇게 나온 각 대안의 장단점을 이해관계자들과 함께 비교하고 토론함으로써 모두가 공감할 수 있는 최종 실행안을 도출해 내야 한다.

당연히 이 과정은 쉽지 않다. 서로가 자기에게 유리한 방안을 주장하기 때문에 서로에 대한 신뢰가 기본적으로 있어야 하며, 상대방의 주장을 포용할 줄 아는 관용의 정신이 필요하다. 오늘날 소통, 신뢰, 주민 참여 등 무형의 사회자본(social capital)의 중요성이 더욱 강조되고 있는 이유이기도 하다.

네 번째로, 변화한 후의 이상적인 모습을 공유해야 한다. 관계자 모두가 공감하는 해결책, 즉 비전을 공유해야 모두가 우왕좌왕하지 않고 같은 방향으로 갈 수 있다. 그래야 시행착오를 줄이고 비용을 절감하는 것은 물론이고 적극적인 참여로 시너지 효과까지 나타난다.

비전은 명확하게 그려져야 한다. 눈에 잡힐 듯이 상세해야 하며, 수치화시키는 것이 좋다. 그냥 '버스전용차로를 하자.'는 것보다, 시행 후의 모습 즉 버스를 타는 것이 편리하고, 자가용 운행을 자제함으로써 도심이 쾌적하게 변하는 모습을 자세히 그려야 한다. 또한 '버스 승객이 10만 명 늘어나고, 자가용 운전자는 10% 감소시킨다.'라는 수치화된 계획이 공유하기 쉽고 실행력을 높이게 된다.

다섯 번째로, 실행[Do!]이다. 아무리 계획이 좋아도 정작 실행하지 않으면 변화할 수 없다. 제일 중요한 단계이다. 논의 과정에서 아무리 다툼이 있었더라도, 결정된 사항에 대해 승복하고 함께 추진해야 한다. 그래야 빨리 변화하고 그 결실을 함께할 수 있으며, 그다음

변화하는 방법

문제 인식	문제 분석	해결 방안 도출	비전 공유	실행	피드백
· 다각도로 문제 정리	· 이해관계자 참여 · 대안 비교	· 해결된 후의 모습	· 가장 중요 · B 플랜, 임기응변		· 새로운 변화의 출발점

★ 모든 변화는 아픔과 고통을 동반한다
중요한 것은 이것이 두려워 변화를 미룰 수는 없다는 것이다

의 변화도 가능하다. 아울러 아무리 상세한 계획이라도 추진 과정에서 변수가 발생하므로, 플랜B의 마련과 임기응변 또한 중요하다.

마지막으로, 피드백(feedback)이다. 변화 과정의 문제점과 잘된 점을 다시 살펴봄으로써, 더 나은 미래를 위한 변화의 새로운 출발점으로 삼을 수 있다.

헤르만 헤세는 『데미안』에서 "새는 알에서 나오려고 애쓴다. 알은 새의 세계이다. 태어나려는 자는 하나의 세계를 깨뜨리지 않으면 안 된다."고 변화의 아픔을 말했다. 모든 변화는 아픔과 고통을 수반한다. 중요한 것은 이런 것이 두려워 변화를 미룰 수는 없다는 것이다.

운칠기삼(運七技三)의
진정한 의미

지금은 보기 힘들지만 얼마 전에만 해도 상갓집을 가면 으레 고스톱이나 포커를 치는 자리가 마련되어 있었다. 이곳은 상주와 함께 밤을 새운다는 핑계로 합법적으로 외박을 하면서 즐길 수 있어 도박을 좋아하는 사람들로 가득 차곤 했다.

가끔 꾼이 있어 판돈을 다 따가기도 하지만, 그날 운에 따라 따고 잃는 사람이 정해지는데, 이때 잃은 사람이 스스로 위안하는 말이 바로 '운칠기삼(運七技三)'이다. 즉 기술은 좋은데 운이 따르지 않아서 돈을 잃었다는 것이다.

그러나 본래 운칠기삼은 꼭 운만을 강조하는 말은 아니다. 이 말은 중국 괴이 문학의 걸작으로 꼽히는 포송령의『요재지이(聊齋志異)』에 나온다. 내용을 간략하게 소개하면 다음과 같다.

과거시험에 번번이 낙방한 선비가 자신보다 실력이 못한 이들이 줄줄이 급제하는 것이 너무도 억울해 자살하려다가 옥황상제에게 그 이유를 따지게 되었다. 뜻밖의 질문을 받은 옥황상제는 정의의 신과 운명의 신을 불러 술 시합을 시켜 놓고 선비에게 다짐을 받았다.

"정의의 신이 더 많이 마시면 네가 분개한 것이 옳고, 운명의 신이 더 많이 마시면 네가 체념하는 것이 옳다."

결국, 술 시합에서 운명의 신이 일곱 잔을 마시고, 정의의 신은 석 잔밖에 마시지 못했다. 옥황상제는 선비를 타이르며 말했다.

"세상사에는 불합리한 운명의 장난이 있기 마련이다. 하지만 3할의 정의도 행해지는 법이니, 운만 바라고 있어서는 안 된다."

결국, 운칠기삼이란 사람의 노력 없이는 운도 따르지 않는다는 것을 말하는 고사성어인 것이다.

'수주대토(守株待兎)'라는 고사성어도 마찬가지의 교훈을 준다.

중국 송나라의 한 농부가 어느 날 밭 가운데 있는 그루터기에 부딪쳐 죽어 있는 토끼 한 마리를 발견하는 횡재를 하게 되는데, 그 후 쟁기는 버려두고 그루터기에 앉아 다시 토끼가 오기를 기다리다 결국 온 나라의 웃음거리만 되었다는 이야기이다. 이 이야기는 지나간 행운을 못 잊어 새롭게 변한 상황을 인정하지 않고, 오로지 옛날 방식으로만 대처하려는 어리석은 사람들에게 경각심을 주는 사례로 많이 인용되곤 한다.

서양에서도 이런 교훈을, 기회를 담당하는 신 카이로스(Kairos)의 모습에서 찾아볼 수 있다. 이 신의 모습은 앞머리는 머리카락이 무

카이로스(출처: https://commons.wikimedia.org)

성하지만, 뒷머리는 머리카락 한 올 없는 대머리이며, 어깨에는 큰 날개가, 양발 뒤꿈치에는 조그마한 날개가 달려 있다.

이렇게 묘사한 이유가 재미있다. 기회란 오기를 기다리고 준비하고 있던 사람에게는 무성한 머리카락을 잡듯이 쉽게 잡을 수 있지만, 한번 지나가 버리면 잡아챌 머리카락이 없듯이 다시 돌이킬 수 없기 때문이라고 한다. 또한, 카이로스는 어깨와 발뒤꿈치의 날개를 이용해 빨리 왔다 빨리 달아나기 때문에 기회를 잡기 위해서는 항상 깨어 있어야 한다고 한다.

우연이 인연을 맺기도 한다. 하지만 우연이 아무에게나 오지는 않는다. 우연은 준비된 사람의 편이다. 이렇듯 기회와 운은 둘 다 준비와 노력이 필요하다.

영국의 심리학자 리차드 와이즈맨(Richard Wiseman)은 운이 좋은 사람의 특징으로 첫째, 새로운 일에 적극적으로 도전하며 네트워크 관리를 통해 기회를 최대화하고, 둘째, 자신의 직관적 능력과 내면에서 울려 나오는 본능적인 느낌에 귀를 기울이고, 셋째, 항상 장래가 밝을 것이라고 기대하면서 긍정적으로 행동하고, 마지막으로 악운에 대처를 잘하는 점을 꼽았다. 결국, 운이 좋은 사람은 긍정적인 마인드를 가지고, 준비된 실력과 통찰력을 겸비한 사람인 것이다.

오늘날은 '불확실성의 시대'라고 할 정도로 다양하고 복잡한 세상이다. 이런 시대에 스스로 통제할 수 없는 운에만 매달려 지나간 시절에 안주하려 한다면, 조직과 개인의 생존은 누구도 보장해 주지 않을 것이다. 나무 그루터기를 지키고만 있어서는 토끼를 잡을 수 없다. 새 토끼는 새로운 방법으로 잡아야 한다.

Do a Bradbury

2002년 솔트레이크시티동계올림픽 남자 쇼트트랙 1000m 결승전, 우리의 안현수와 미국의 안톤 오노 등 4명이 선두를 다투다가 모두 넘어지는 바람에 꼴찌(5위)로 달리던 호주의 스티븐 브래드버리(Steven Bradbury)가 행운의 금메달을 차지한다.

더욱 놀라운 건 브래드버리의 예선 전적이다. 예선 1라운드는 1위로 통과했지만, 2명이 통과하는 2라운드에서는 2위 선수가 실격되는 바람에 3위였던 브래드버리가 운 좋게 통과했고, 준결승도 꼴찌(5위)로 달리다가 앞서 달리던 3명이 넘어지고 1위 선수도 실격당하는 바람에 1등으로 통과한 것이다.

억세게 운 좋은 이 사나이는 호주 국립사전에 'Do a Bradbury(뜻밖의 행운을 얻다)'로 등재되기까지 한다.

그러나 브래드버리가 마냥 운만 좋은 사람은 아니었다. 그는 전성기였던 1994년 릴레함메르동계올림픽에서 호주 최초로 쇼트트랙 계주 동메달을 획득했으나, 1000m 예선전에서 넘어져 심한 상처를 입었고, 1998년에는 전 종목 예선 탈락, 2000년 목뼈 부상 등으로 선수 생활을 포기할 위기가 많았었다.

그가 수상 소감에서 "이건 내가 이겨서가 아니라, 10년간 최선을 다해서 주는 상인 것 같다."라고 말한 것같이, 그의 금메달은 오랜 시간의 불운에도 좌절하지 않고 끝까지 도전한 보상이라 하겠다.

행운은 준비가 기회를 만났을 때 온다. _ 세네카

내 인생의
삼불지표(三不指標)

『논어(論語)』의 사자성어 세 가지를 평생 지니고 갈 인생의 지표로 삼고 있다. 이 세 개 모두 세 번째 글자가 '아니 불(不)'자 이기 때문에 '삼불지표'라 이름 지었다.

첫 번째가 군자불기(君子不器)다. 『논어』「위정」편에 나오는 말로 직역하면 '군자는 그릇이 아니다.'라는 것이다. 군자가 그릇이 아니라니, 그럼 소인은 그릇이라는 뜻일까?

그렇다. 그릇은 이미 모양이 정해져 있어서 그 쓰임새에 맞는 것만 담을 수 있다. 소인은 이런 그릇과 같아서 정해진 한 가지만 용납하지만, 군자는 정해진 틀이 없어 다양한 것을 받아들일 수 있다는 것이다.

요즘 시대는 융합·통섭의 시대로, 어느 한 가지 전문지식만 가지고는 창조적인 역량을 만들어 내지 못한다고 한다. 전체를 읽을 줄 알고, 많은 사람을 포용할 줄 알고, 다양성을 인정할 수 있는 사고를 하는 사람을 필요로 한다. 오로지 내가 아는 것만 주장하고 그 이외의 것과 담을 쌓고 산다면 어떠한 결실도 맺을 수 없을 것이다. 그래서 이 말을 나 자신을 만들어 가는 수신(修身) 지표로 삼고 있다.

두 번째가 무신불립(無信不立)이다. 『논어』 「안연」편에 나오는 말이다. 공자의 제자 자공이 나라를 경영하는 데 가장 중요한 것이 무엇이냐고 공자에게 묻자, 공자는 "나라를 경영하는 기본은 식량을 비축하고, 군비를 충실히 하고, 백성의 신뢰를 얻는 것이다(足食, 足兵, 民信之矣)"라고 답한다.

다시 자공이 "만약 이 중 하나를 포기해야 한다면 어떤 것을 먼저 포기해야 합니까?"라고 묻자, 공자는 "군비와 병력 확충을 포기해야 한다."고 답한다.

다시 자공이 "만부득이 하나를 또 포기해야 한다면 둘 중에 어떤 것을 포기해야 합니까?"라고 묻자, 공자는 대답한다.

"식량을 포기해야 한다. 먹을 것이 풍부하더라도 백성이 믿고 따르지 않으면 아무것도 할 수 없느니라(民無信不立)."

그렇다. 신뢰는 조직의 생존을 위해서 마지막까지 지켜야 할 덕목이다. 자기 조직과 조직원에 대한 조건 없는 신뢰, 이것이 가장 큰 자산이다. 지금 당장은 불만이 있거나 서운하더라도 '무슨 이유가 있겠지, 아마 더 큰 무언가가 있을 거야.'라고 긍정적으로 생각하는 신뢰가 그 조직의 힘으로 표출된다.

인간의 신뢰는 신뢰할수록 더욱 커지고, 서로에 대한 믿음을 보일수록 상호 관계는 더욱 두터워진다. 불신 때문에 낭비되는 예산이 어마어마하다고 한다. 그래서 신뢰는 중요한 사회자본인 것이다. 이 말을 조직 구성(네트워크) 지표로 삼고 있다.

세 번째가 화이부동(和而不同)이다. 『논어』「자로(子路)」편에 "군자는 다름을 인정하고 다른 것들끼리의 조화를 도모하는데, 소인은 다름을 인정하지 못하고 무엇이나 같게 만들거나 혹은 같아지려고 한다(君子和而不同, 小人同而不和)."라는 데서 나온 말이다. 중국 철학의 핵심적인 내용으로 평가받기도 한다.

이 말은 기본적으로 나와 다른 남을 인정해야 한다는 뜻을 담고 있다. 생각이 다르고 살아가는 방식이 다른 타인의 존재를 존중해야

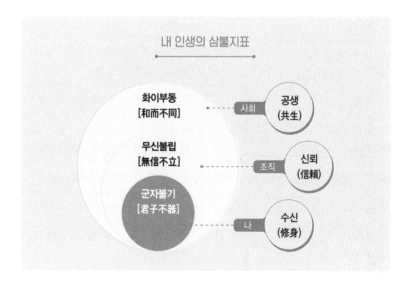

한다는 것이다. 이념도, 추구하는 목적도, 살아온 지역과 문화도 다르지만, 그것을 아우르고 그 속에서 조화를 만들어 내는 것이 군자의 역할이다.

나와 다른 상대의 주장을 전혀 인정하지 않고 무조건 자기의 뜻대로 하려고 하는 소인이 되기보다, 서로의 차이를 인정하고 조화로운 해결점을 찾으려 하는 군자가 되어야겠다.

같은 모습의 꽃들로 가득찬 화단보다 다양한 색과 모양의 꽃들이 조화를 이뤄 조성된 화단이 더 아름다운 것처럼, 서로 상생하는 원리가 화이부동 속에 있다. 그래서 이 말을 이웃과 더불어 살아가는 사회 공생(共生)의 지표로 삼고 있다.

군자불기, 화이부동, 무신불립. 인생 끝까지 가져갈 나의 '삼불지표'이다.

당신의 Note 03　　　*행복의 기반 올바른 공직관*

1. 나에게 공직이란 어떤 의미가 있는가? 공직을 통해 행복할 수 있다고 생각하는가?

2. 공무원은 진짜 '갑'인가? 나는 부여된 권한(공권력)을 제대로 행사하고 있는가?

3. 나는 공과 사를 잘 구분하는가? 그 둘의 조화를 위해 노력하고 있는가?

4. 나는 '다름'이 '틀림'이 아님을 알고 있고, 그 다름의 조화가 시너지효과로 나타나도록 노력하는가?

5. 행복이 내 마음가짐에 달려 있다는 것을 알고 있는가? 나는 공무원인 직장인으로서 행복한가?

6. 행복이란 더불어 살 때 생긴다는 것을 알고 있는가? 나는 평소 너무 많은 욕심을 부리고 있지 않은가?

7. 나는 변화를 선도하고 있는가? 아니면 변화 선도자의 뒷다리를 잡고 있는가? 나는 변화하는 방법을 알고 있고, 이를 실행하는가?

8. 나는 최대한의 노력을 한 후에 성공을 위한 운을 기대하는가?

살맛 나는
도시 만들기

○

도시의 성패를 좌우하는 중요한 요인은

분명한 철학으로 미래를 이끌어 가는 리더의 존재이다.

그러나 이보다 더 중요한 것이 그 도시에 사는 '사람'들이다.

현실에 안주하기보다 과감히 변화를 받아들이며,

주체적으로 참여하는 멋진 시민 말이다.

진정한 도시의 힘은 그 도시에 살고 있는 '사람'에게서 나온다.

진정한 도시의 힘은
어디에서 나오는가?

주변에 퇴직이 가까운 분들과 이야기하다 보면 이제 산 좋고 물 맑은 조용한 시골로 내려가 텃밭이나 가꾸면서 살고 싶다는 희망을 피력하는 분들이 많다. 그 말을 듣다 보면 평화롭고 목가적인 전원 생활이 떠올라 내심 그들이 부럽기까지 하다.

인구의 70%가 대도시에 거주하고 있는 우리나라는 급격한 경제성장과 협소한 국토 면적 등으로 인하여 발생하는 심각한 도시 문제를 안고 있다. 인구의 과밀화, 심각한 빈부 격차, 도심의 급격한 슬럼화, 날로 오르는 주택 가격, 높은 범죄율 등은 오늘날 우리가 '도시(City)'를 떠올리면 먼저 생각나는 것들이다.

이 때문에 많은 사람이 도시에 대해 갖는 이미지는 긍정적이기보다는 부정적인 이미지가 강하다.

그렇다면 정말 도시는 더럽고, 가난하고, 범죄의 소굴이며, 반(反)환경적인 곳일까?

이런 주장에 정면으로 반박하며, 도시를 '인간이 만든 최고의 창조물'이라고 주장하는 사람이 있다. 하버드대 경제학과 에드워드 글레이저(Edward Glaeser) 교수는 저서『도시의 승리(Triumph of the City)』에서 도시가 인간을 행복하게 하는 대표적인 창조물이라고 말한다.

도시가 태생적으로 지닌 각종 자원의 흡입력이 지금까지 놀라운 문명을 만들어 왔고 앞으로의 미래를 만들어 가리라는 것이다. 도시는 인재와 기술, 아이디어와 같은 자원을 끌어들이고, 교육을 통해 더 많은 기회를 만들며, 높은 소득을 창출하고, 각종 질병으로부터 사람을 해방한다. 또한 쉽게 문화생활을 할 수 있도록 하여 삶의 질을 높인다는 것이다.

다만 이와 같은 선순환을 위해서는 제대로 된 도시 정책과 사람이 있어야 한다고 주장한다. 특히 잘못된 토지 이용 규제로 과도하게 높은 주택 가격, 스프롤 현상, 슬럼가, 부패 등의 문제를 안고 있는 인도의 뭄바이와 유연한 주택 공급 정책으로 많은 해외 기업가들이 모여드는 중국 상하이를 비교하여 합리적인 도시개발 정책의 필요성을 강조한다.

개발과 보존의 조화, 도심 재개발, 빈부 격차 해소 등 산적한 쟁점들을 해결하는 과정에서 많은 갈등을 빚고 있는 우리의 도시정책에도 냉철하고 현실적인 조언을 제시하고 있는 셈이다.

우리는 지금 각 나라를 대표하는 도시의 이미지가 그 나라에 대한 이미지보다 더 자연스럽고 익숙한 시대에 살고 있다. 도시의 건강과 부(富)에 국가의 번영과 개인의 행복이 달려 있다고 해도 과언이 아니다. 어쩌면 도시는 국가를 초월한 존재가 되어 가고 있는지도 모른다.

도시의 성패를 좌우하는 중요한 요인은 분명한 철학을 가지고 미래를 이끌어 가는 리더의 존재이다. 이런 리더를 따라 도시를 연구하고 정책을 만들고 집행하는 사람들이 함께할 때 도시가 더 인간답고 살기 좋은 곳으로 변할 것이다.

그러나 이보다 더 중요한 것은 그 도시에 사는 '사람'들이다. 현실에 안주하기보다 과감히 변화를 받아들이며, 모든 것을 주도적으로 포용할 수 있는 시민들이 있어야 한다. 개개인의 다양성을 존중하되, 전체를 위해 희생할 줄 아는 성숙한 시민의식을 갖춘 사람들이 도시가 발전하는 가장 중요한 토대가 된다.

합의된 도시의 발전 목표를 위해 주인의식을 가지고 적극적으로 참여하는 건강한 공동체 의식을 가진 시민, 타인을 배려하고 존중하며 준법의식이 있고 글로벌 시대에 맞는 국제적 감각을 갖춘 도시민이 있어야만 하는 것이다.

진정한 도시의 힘은 그 도시에 살고 있는 '사람'에게서 나온다.

인재가 유입되는
창조도시

15세기 유럽은 르네상스라는 문명의 새 전환점을 맞이하게 된다. 이때 이탈리아 피렌체의 명문가인 메디치 가문은 금융업을 통해 얻은 부를 바탕으로 레오나르도 다빈치, 미켈란젤로, 단테, 마키아벨리 등 당대의 수많은 학자와 예술가들을 후원함으로써 르네상스라는 문명의 전환점을 이루는 근간을 마련한다.

그러나 이 가문의 업적을 재정적 후원 그 자체보다 다양한 학문적 배경을 가진 학자들이 한자리에서 연구할 수 있는 장을 마련했다는 점에서 찾고 있는 학자가 있다.

프란스 요한슨은 저서 『메디치 효과(Medici Effect)』에서 이처럼 전혀 다른 역량의 소통과 융합으로 생겨나는 창조와 혁신의 빅뱅 현상을 설명하면서, 이런 것이 현대 기업 경영에도 요구된다고 주장한다. 다양한 문화와 영역을 한데 결합하고 이들이 연계되는 교차점을 발견하고 형성시킴으로써 창조와 혁신의 대폭발이 만들어진다는 것이다.

이와 유사한 사례를 '계명구도(鷄鳴狗盜)'라는 중국의 고사에서도 찾아볼 수 있다.

전국시대 제(齊)나라의 재상 맹상군(孟嘗君)은 하찮은 재주라도 가지고 있는 사람이면 잘 대접해 주었기 때문에, 그의 집에는 수백여 명의 식객이 항상 북적거렸다고 한다. 이런 맹상군을 진(秦)나라 왕이 초빙하여 재상으로 삼고자 했으나, 곧 의심을 사게 되어 죽임을 당할 위기에 처하게 되었다.

그때 마침 식객 중에 좀도둑질을 잘하는 사람과 닭 울음소리를 잘 흉내 내는 사람이 있어 그들의 도움으로 위기를 모면했다는 고사이다. 물론 맹상군의 식객 중에는 이런 자들뿐만 아니라 여러 인재가 많이 있어, 맹상군은 이들의 도움으로 후에 제후의 자리에 오르게 된다.

우리는 인재의 소중함에 대해 수없이 많은 말을 한다. 인재가 기업을 살리고, 나라를 살리기 때문이다. 물론 지역의 발전을 위해서도 인재가 필요하다. 그럼 어떻게 하면 인재들이 지역으로 몰려오고, 도시는 어떻게 이들을 수용할 수 있을까?

문화도시 비전과 전략, 문화적 도시 마케팅과 관련하여 세계적인 권위자인 찰스 랜드리(Charles Landry)는 저서『창조도시(Creative City)』에서 인재가 몰리는 도시를 정리했다.

창조도시란 도시의 역사와 전통에 기반을 둔 그 도시만의 정체성이 있고, 창조적 인재들이 고부가가치를 창출하는 산업에 종사할 수 있는 기반이 마련되어 있는 도시로, 특히 도시의 문화 예술적 요소가 인재를 끌어들이는 핵심 요소라고 말한다.

미국의 사회학자 리처드 플로리다(Richard Florida)도 실증적 연구를 통해 창조도시가 갖추어야 할 3가지 요소로 재능(Talent), 기술(Technology), 관용(Tolerance)의 '3T'를 내세웠다. 그는 20세기 중반까지 조용한 농촌 마을이던 실리콘 밸리에 미국 100대 기업의 3분의 1이 모이게 된 변신 요인으로, 특정 분야에서 탁월한 능력을 갖춘 사람이라면 누구나 받아들이는 사회적·제도적 '관용'과 '포용력'이 있었기 때문이라고 주장한다. 참고로 실리콘 밸리 창업주의 3분의 2 이상이 외국인이라고 한다.

또한, 하버드 대학의 에드워드 글레이저 교수도 저서 『도시의 승

리』에서 도시가 승리하기 위해서는, 주택이나 인프라에 대한 투자보다는 오히려 사람에게 투자해야 한다고 주장한다. 발전한 도시들은 한결같이 교육의 중요성을 일찌감치 깨달아 교육에 많은 부분을 투자하였고, 교육을 받은 인재들이 결국에는 도시를 발전시키는 원동력이자 주역이 된다는 것이다. 도시의 힘은 사람에게서 나오기 때문이다.

인재가 스스로 유입되는 성공하는 도시가 되기 위해서는, 역사 문화적 전통이나 정주 여건도 중요하지만, 인재들의 다양성을 인정하는 관용의 사회 분위기가 먼저 조성되어야 한다.

메디치효과나 맹상군의 식객 그리고 창조도시의 성공 요소들은 모두 인재의 중요성과 다양성의 포용을 말하고 있다. 그래서 공자도 일찍이 '군자는 화이부동(君子 和而不同)'한다고 말한 것이리라.

더불어 사는
공동체 도시

    일찍이 아리스토텔레스가 인간은 사회적 동물이라고 말했듯이, 인간은 태어나면서부터 누군가와 '관계'를 가지면서 살아간다. 이런 관계를 통해 구성원들 사이에서 공통의 연대가 이루어진 집단을 '공동체(Community)'라고 한다. 공동체는 매우 신축적인 개념으로, 하나의 작은 동아리 모임에서 마을, 도시, EU공동체, 지구촌과 같은 넓은 범위를 뜻할 수도 있다.

    공동체에는 공통의 연대의식과 호혜적 관계라는 공동체 개념을 관통하는 두 가지 요소가 있다. 주관적 의식 차원에서 공통의 연대의식이 존재하고, 객관적 실체로서 구성원들 사이에 서로 의지하는 호혜적 관계가 있는 것이다.

    우리나라에서는 과거 사회주의와 공산주의의 영향으로 공동체라는 용어 자체에 부정적인 선입감이 있으나, 개인주의가 발달한 서구 사회에서는 현대의 심각한 사회문제를 해결하는 방안으로 공동체가 새롭게 조명되고 있다.

산업혁명 이후 산업화·도시화의 영향으로 물질 만능과 비인간화 현상이 팽배해지면서 인간관계가 치열한 경쟁과 투쟁의 관계로 바뀌게 되었고, 급속하게 발달하는 정보전자 기술은 더욱 심각한 인간 소외 현상을 초래하고 있다.

이러한 개인주의의 과잉으로 범죄의 만연, 가족 해체, 도덕적 해이, 정신적 황폐 등 사회적 부작용이 증가하고 있으며, 모두가 자기의 권리만 주징할 뿐 그에 따르는 책임 의식과 의무를 도외시하는 풍조가 만연되고 있다. 또한, 집단화된 개인들이 국가나 공공의 이익을 희생시켜 소수 집단의 이익을 추구하는 사례도 빈번하게 발생하고 있다.

이러한 물질 숭배의 폐해와 인간 소외 그리고 인간성 상실에 대한 해결책으로 다시 재조명받게 된 것이 바로 과거의 '공동체' 개념이다. 무분별한 개인주의로 발생한 심각한 사회문제를 치유하기 위해 '더불어 살아감'을 강조하는 공동체 정신의 부활이 필요함을 깨닫게 된 것이다.

이는 어찌 보면 물질만능과 인간 소외의 횡포에 상처받은 인간들이 사회적 동물로서 본래의 모습을 되찾고자 하는 것으로, 퇴니스는 이러한 욕구를 '본연의지(natural will)라고 했다. 본연의지는 인간의 본능적인 생존 욕구이며, 공동체를 특징짓는 중요한 기본이 된다.

공동체로의 공통된 의식은 연대감을 형성하여 지역사회가 하나가 되는 초석이 된다. 공동체 활동은 핵가족화와 개인주의로 인간성 상실의 위기에 처한 현대인들에게 사회적 연대감을 느끼게 하고 지역사회와 결합하도록 해 준다. 또한, 공동체 참여 활동은 건전하고 가치 있는 여가 활동이 될 수도 있다.

아울러 공동체적 해결 방안은 전체주의, 집단주의와 달리 개인의 존재 가치를 인정하고 배려하는 가운데, 개인 차원에서 해결이 어려운 문제를 공동체 속에서 함께 풀어 간다는 장점도 있다.

공동체를 재창조하기 위해서는 구성원 모두가 목표와 가치를 공유해야 하며, 행동과 실행을 함에 있어 공동 참여와 공동 책임이 있어야 한다. 그리고 이러한 것들은 가정과 학교에서부터 시작되어 시민사회, 지역사회로 확산되어야 한다.

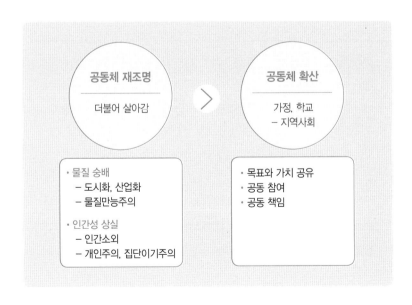

그동안 지역 공동체 운동이 시민사회단체를 중심으로 소규모로 진행되다 보니 공동체 정신에 맞지 않게 고립성과 폐쇄성을 보이는 면이 없지 않았다. 이제는 사회 각 분야의 자발적인 공동체 운동을 활성화하는 노력과 더불어 공동체의 수평적 연대와 다층적 공동체 조직에 대한 전략에도 관심을 가져야 할 때이다. 삶의 질이 높은 도시는 더불어 살아가는 공동체 정신의 기반 위에서 만들어진다.

공동체 사이의 충돌

코로나19 초기였던 2020년 1월 31일, 바이러스 발원지로 인식되고 있던 중국 우한시에 거주하던 교민 368명을 태운 대한항공 여객기가 들어왔다.

이들은 아산과 진천의 국가 시설에 14일 동안 격리되었는데, 해당 지역 주민들이 "왜 우리 지역이냐!"라며 반대가 격렬했다. 도로 폐쇄, 공무원 폭행 등 날로 심각해져 가던 반대 활동은 국가와 지자체의 적극적인 설득과 "이들도 우리 동포 아닙니까? 우리가 돌보지 않으면 어느 나라에서 돌보겠습니까?"라는 보다 큰 공동체 의식을 일깨우는 말에 수그러들었다. 나중에는 주민들이 갓 수확한 채소나 과일, 소소한 생활 물품들을 전달하기까지 했다.

이때 아산의 한 시민이 올린 SNS 사진 하나가 전국적으로 퍼지면서 성숙한 시민의식을 나타내는 상징으로 자리 잡으며 누리꾼의 호응을 얻었다.

이 사례는 지역공동체와 국가공동체가 충돌한 사례로 우리에게 많은 것을 말해 주고 있다. 먼저 공동체 문제 해결의 시작은 공동체의 처지가 다름을 인정하는 데 있으며, 두 번째는 공동체의 의견 결정에는 시간과 노력이 필요하다는 것, 세 번째는 해결의 실마리를 마련하기 위해 공동체 누군가의 희생이 요구될 수도 있다는 점, 그리고 생각지도 않았던 작은 시도가 해결의 열쇠가 된다는 점 등이다.

– 'We – Are – Asan(우리가 아산이다)' 캠페인

도시의 자원을
'네트워크' 하라

　날이 갈수록 인스타그램, 페이스북, 트위터 등과 같은 SNS(Social Network Service) 망이 중요도를 높여가고 있다. 온라인 강의나 모임 등 사적 분야는 물론 공공분야에도 온라인 청원, 여론조사, 선거운동 등에 적극 활용되고 있다.

　본래 네트워크라는 말은 통신기술 관점에서 서버 간, 서버와 단말기 간, 단말기 간의 물리적·상호의존적 연결망을 의미하는 한정적 개념이었다. 그러나 인간관계를 논하는 사회학에서 인간이나 조직 간의 관계에 대한 중요한 분석 방법으로 활용되기 시작하면서, 최근 들어 네트워크는 '다양한 방면에서 관계들의 연결'을 뜻하는 용어로 확장되어 사용되고 있다.

　특히 정치나 행정 등 사회과학의 영역에서는 불확실하고 복잡한 환경 속에서 대두하고 있는 사회문제를 해결하기 위해 네트워크 개념을 사용한다. 자원의 분산과 공유, 수평적인 상호 작용과 커뮤니케이션, 가변적이고 유연한 가상 공동체 등 사회적인 측면에서 네트워크의 개념이 중시되고 있다.

이렇게 네트워크의 중요성이 강조되고 있는 것은 크게 두 가지 이유가 있다.

첫째는 독자적인 생존이 가능했던 과거와 달리 현대사회에서는 기능의 분화가 이루어짐에 따라 서로에게 의존하지 않으면 살아갈 수 없기 때문이다. 따라서 과거와 같이 동질성에 기초한 '기계적인 연대'가 아니라 서로의 필요 때문에 자발적으로 협동하는 '유기적인 연대'가 새로운 사회 결속의 원리로 자리 잡고 있다.

둘째는 갈수록 정보의 가치가 위력을 발휘하고 있기 때문이다. 산업사회가 자원 소유의 싸움이었다면 현대사회는 정보통제권의 각축장이다. 네트워크를 이용하면 원하는 정보를 얻는 데 드는 비용과 시간이 줄어들며, 또 다른 네트워크를 통해 정보의 질과 양을 무한정 확장할 수 있다.

론펠트와 아퀼라(Ronfeldt & Arquilla)는 네트워크를 정보통신기술, 사회연결망, 조직의 구성 원리 등 세 가지 측면에서 강조하고 있다.

네트워크 사회는 기본적으로 정보통신 기술의 발달을 전제로 한다. 반도체 기술의 눈부신 발달과 초고속 인터넷의 보급은 인간의 삶을 네트워크와 불가분의 관계로 만들고 있다.

사회연결망으로의 네트워크는 사람과 사람 간을 연결하며, 사회적 유대를 형성시키는 정보의 통로 역할을 함으로써 사회자본의 중요한 요소가 된다.

또한 네트워크 조직은 각 개체의 독립성을 인정하며 수평적이고 유연한 관계를 맺는다는 점에서 수직적, 비탄력적이며 폐쇄적인 기존의 많은 조직과 비교된다.

이런 네트워크의 특징은 오늘날 도시 발전을 위해서도 꼭 필요하다. 많은 사람과 자원이 몰려 있는 도시에는 발달한 통신망과 정보기술이 있고 수많은 인적자원이 다양한 관계를 맺으며 존재하고 있다. 이런 도시의 정보기술과 다양한 인적자원을 네트워크를 통해 유기적으로 연결한다면 과거에는 상상도 못 하던 큰 성과를 만들어 낼 수 있다.

오늘날의 불확실성 시대에 무수히 나타나는 사회 갈등을 미연에 방지하고 불필요한 자원의 낭비를 줄이며 시민의 참여를 끌어냄으로써, 공간의 질과 삶의 질이 높은 도시를 만들어 낼 수 있는 것이다.

또한 네트워크를 통한 활발한 정보의 유통으로 개개인의 의사를 존중한 합의를 쉽게 끌어냄은 물론, 이들을 오프라인까지 유도하여 시민들이 직접 참여하는 새로운 형식의 도시 창조가 가능하다. 다양한 도시의 자원을 어떻게 네트워크할 것인가가 도시의 성패를 결정하는 시대이다.

온라인 네트워크와 동네생활공동체

코로나19 이후 온라인을 통해 재현된 동네 벼룩시장이 새로운 형태의 생활공동체로 진화하고 있다. 과거 마실을 다니던 골목길 역할을 온라인 네트워크가 대신하면서 동네 생활 플랫폼 역할을 하는 것이다.

처음에는 장소가 필요 없는 마을 벼룩시장 정도로만 인식되던 것이 이제는 '슬세권(슬리퍼 신고 다닐 만한 동네 상권)'이라는 용어가 만들어질 정도로 규모가 커지고 있는데, 모바일을 활용하여 중고거래의 틈새시장을 공략한 '당근마켓'[24] 이 대표적이다.

이 새로운 시장은 중고거래를 넘어 구인·구직, 부동산, 중고차, 근처 매장 할인 정보 등은 물론 세탁·이사·반려동물 케어서비스까지 제공하고 있으며, 콘텐츠와 커뮤니티의 커머스화가 진행되면서 플랫폼으로 성장하고 있다. 동네의 맛집, 카페의 공유, 공동취미활동 등 동네 주민들의 정보 교류에서 동네 미용실 예약, 동네 식당에서 음식 주문·배달, 슈퍼마켓의 유통기한 임박 상품 정보를 알려 주는 상업 서비스로 영역을 확대하고 있다.

가상의 먼 공간을 이어 주는 것으로만 생각되던 온라인이 동네 생활권 형성의 수단이 되고 있는 것이다. 이런 새로운 형태의 마을공동체를 어떻게 활용할 것인가에 대한 지자체의 관심이 필요한 시점이다.

---

24 당근마켓은 가입자가 2,000만 명이나 되는 온라인 중고거래 서비스의 대표주자로, 이용자의 93%가 구매자이자 판매자 역할을 한다(21년 3월 말 기준).

도시 브랜드^(brand)가 중요하다

"아빠, 나도 메이커 사 줘. 이름도 없는 이런 거 가지고 다니니까 창피해."

부모들이 수시로 아이들에게 듣는 소리이다.

"이거나 그거나 똑같아. 뭐 하러 굳이 비싸기만 한 걸 사 달라고 하는 거니?"

"다른 애들은 다 메이커 가지고 있단 말이야. 나만 이름도 없는 순 싸구려만 사주고…."

아이의 불만은 커져만 간다. 결정적으로 한마디 한다.

"아빠, 엄마는 메이커만 하면서…."

이 대화에서 나오는 '메이커'나 '이름'이 바로 요즘 최고 관심 분야 인 브랜드(brand)이다.

오늘날 브랜드에 관한 관심은 매우 높다. 아니, 높은 정도가 아니라 기업의 사활을 결정할 정도이다.

놀랍게 발달하고 있는 기술의 발달은 제품(또는 서비스)의 질적 차이를 거의 없애고 있으며, 자본의 국제적 이동은 원가 절감을 통한 가격 경쟁의 한계를 보여 주고 있다. 이에 기업들은 소비자에게 어필하는 핵심 수단으로 브랜드에 높은 관심을 기울이고 막대한 투자를 하고 있다.

'브랜드(brand)'라는 말은 옛날 노르웨이 농부들이 인두로 자신의 가축에 특별한 표시를 하여 소유를 나타냈던 '브란드르(brandr, 낙인)'에서 유래되었다고 한다. 브랜드의 기능은 어원에서와 같은 소유 구분과 출처(원산지) 표시와 같은 본원적 기능을 넘어, 파생적 기능이 점점 더 중요해지고 있다.

소비자가 특정 브랜드에 호감을 느낄 때 같은 브랜드 상품을 반복 구매하게 되는데, 이를 소비자의 '상표 충성도(brand loyalty)'라고 한다. 이는 시장에서 우월적 지위를 차지하게 되는 원동력이 된다.

또한, 같은 브랜드를 사용하는 신제품은 타사의 신규 브랜드 제품보다 적은 광고비로 효과적인 홍보가 가능하다. 유사한 상품군을 효율적으로 형성할 수 있는 것이다.

브랜드는 기업 가치 평가에 큰 역할을 한다. 코카콜라 회사의 경우 '코카콜라'라는 무형의 브랜드 가치가 전체 기업 가치의 70%를 넘는다고 한다.

또 하나, 소비자의 위상을 높여 주는 효과가 있다. 앞의 대화에서

국가	───	국가 경쟁력
도시	───	장소 마케팅
개인	───	신용

[브랜드]

도 보듯이 인기 브랜드를 가지고 있다는 만족감, 명품 브랜드를 가지고 있다는 우월감은 일종의 사회적 위치를 표현하는 문화 현상이 되기도 한다.

이런 브랜드의 중요성은 기업에만 해당하는 것이 아니다. 21세기에는 제품 브랜드, 기업 브랜드 못지않게 국가 브랜드, 도시 브랜드가 중요해지고 있다. 이미지가 좋은 국가의 경우 그 나라 기업, 제품, 더 나아가 국민들도 해외에서 좋은 대접을 받을 것은 당연하다.

외국 소비자가 '코리아'라는 이름을 접하고 말로 설명하기는 힘들지만, 막연히 떠오르는 특유의 연상이 바로 대한민국이라는 국가 브랜드가 지니는 자산이며 힘이다. 점점 경쟁력을 높여 가는 다양한 한류에 의한 국가 브랜드 향상도 기대해 볼 만하다.

도시 브랜드도 매우 중요하다. 우리는 도시의 경쟁력이 국가 경쟁력을 견인해 가는 시대에 살고 있다. 도시 자체가 장소 마케팅의 핵심으로 작용하고 있으며, 그 중심에 문화가 자리하고 있다. 도시가 가진 문화적 이미지가 도시 성장에 활력을 불어넣고 다양화시키는 밑바탕이 되는 것이다.

개개인의 브랜드도 물론 중요하다. 자기 이름을 브랜드라고 본다면, 이를 통해 남들이 떠올리는 연상이 바로 그것이다. 잘 가꾼 개인 브랜드는 다른 사람들에게 신용을 주고 그를 계속 찾게 할 것이며, 사회 활동을 다양하게 넓히는 데 큰 도움이 될 것이다. 다른 사람의 입장에서는 그 사람과 친하다는 것이 큰 자랑거리가 되는 효과도 생기게 된다.

개인과 지역 그리고 국가의 발전에 브랜드적 사고를 도입해 보자. 잘 키운 브랜드가 우리 모두 더불어 성장하는 든든한 밑바탕이 될 것이다.

천시지리인화(天時地利人和)와
녹색성장

『맹자』「공손축 하편(孟子 公孫丑 下篇)」의 맨 첫머리에 이런 말이 나온다. "천시불여지리(天時不如地利) 지리불여인화(地利不如人和)", 즉 "천시(天時)가 지리(地理)만 못하고, 지리가 인화(人和)만 못하다."는 것이다. 맹자는 그 까닭을 다음과 같이 말하고 있다.

"천시, 즉 좋은 날씨와 시기를 택하여 큰 성을 포위하여 공격했음에도 이기지 못하는 것은 천시가 지리만 못하기 때문이요. 성이 높고 해자도 깊으며, 군사도 강하고 먹을 것이 넉넉하여도 성을 버리고 떠나는 사람이 있음은 지리가 인화만 못하기 때문이다."

맹자의 이 말은 조직에 있어 인화단결의 중요성을 말할 때 많이 인용된다.

여기에서는 이 말을 오늘날 새로운 화두로 주목받고 있는 '녹색성장(Green Growth)'과 관련지어 보고자 한다.

무릇 모든 발전의 출발은 시대의 흐름을 제대로 읽는 것에서 시작된다. 오늘날 시대의 흐름, 즉 천시는 '녹색성장'이 아니고는 말할 수 없을 것이다. 기후 온난화, 에너지 고갈, 삶의 질과 지속 가능성의 추구 등은 오늘날 녹색에 대한 국제적인 관심을 집중시키고 있다. 녹색 환경과 녹색 산업 그리고 녹색 생활은 앞으로 인류가 추구하고 나아가야 할 천시(天時)임이 분명하다.

그렇다면 천시보다 중요하다는 지리(地利)는 무엇일까? 그것은 바로 녹색성장과 관련한 우리 청주의 위치와 역할이다. 이름 그대로 '맑은 고을' 청주만이 지닌 고유 가치를 천시인 녹색성장과 관련하여 찾아야 한다. 우리 지역의 역사와 문화 속에 녹아 있는 각종 물적·인적·문화적 자원을 파악한 후, 녹색성장 시대에 우리 청주가 잘할 수 있는 것이 무엇인지 고민해야 한다.

수도권과 인접한 국토의 중심지라는 지리적 여건과 천년 역사 속에서 만들어진 수많은 문화자원, 그리고 깨끗한 교육문화 도시라는 청정한 이미지는 청주만의 훌륭한 녹색 자원이라고 할 수 있다. 민선 5기 청주시의 시정목표가 '녹색수도 청주'임은 이러한 천시와 지리를 제대로 읽었기 때문이라고 생각한다.[25]

그럼에도 불구하고 맹자가 가장 중요하다고 한 인화를 갖추지 않

---

25 2010년 민선 5기를 시작하면서 한범덕 청주시장은 '녹색수도 청주'를 시정 캐치프레이즈로 선정했다.

으면 안 된다. 지역을 새롭게 창조하는 일은 뛰어난 리더나 일부 지도자들의 힘만으로 되지 않는다. 지역 재생은 그 지역에 사는 수많은 사람이 공감하여 지혜를 모으고 함께 참여할 때 이루어지는 것이다.

녹색성장이라는 큰 틀에 공감하고 이를 공유하여 한 방향으로 함께 나아가는 데 참여할 문화시민들이 필요하다. 각각의 역할과 방법이 다르더라도 서로가 합의한 공통의 목표를 달성하겠다는 공동체 의식과 인화단결이 있어야 한다. 그래야 쉽게 목표를 달성할 수 있고 성취의 기쁨도 함께할 수 있다.

'녹색성장'이라는 천시(天時)와 '맑은 고을'이라는 지리(地利) 그리고 '참여하는 문화시민'들의 인화(人和)가 21세기 청주를 누구나 살고 싶어 하는 도시로 만들어 줄 것이다.

보존과 개발, 그리고 중용에 대하여

친구여! 두꺼비라는 존재와 너를 한데 묶어 외롭게 단식하는 것을 보았다.[26] 사실 그 자리에서는 너에게 어떤 말을 해야 할지 잘 모르겠더구나. 너만큼 그 문제에 대해 고민해 보지도 않았고, 조언할 만큼 인생 경험이 많은 것도 아니니 말이다.

하지만 그동안의 내 경험을 이야기해 보며 너의 판단에 도움이 되었으면 한다. 네가 알다시피 나는 10여 년 전에 택지개발업무를 2년여 담당했었고, 이어서 7년 이상 '보존'을 원칙으로 하는 문화재 업무를 담당했었다.

내가 택지개발을 담당할 때만 해도 '개발'이란 깨끗이 밀어 버린 땅에 새롭게 토지 이용을 한다는 개념이었고, 문화재나 환경문제는 개발에 장애가 된다고 생각했었다. 하지만 문화재를 담당해 보니 반대로 '보존'이 기본 원칙이더구나. 어떻게 보면 이질적으로 보이는 이 두 업무를 담당해 보면서 '중용(中庸)'이라는 말을 떠올릴 기회가 많았고, 명확하지는 않지만 보존과 개발에 대한 나름의 판단 기준을 세울 수 있었다.

자, 이제 우리 주변을 다시 한번 살펴보자. 물론 너의 전문 분야이기도 하겠지만 우리가 사는 이 땅에 역사가 없는 곳이 없더구나. 지금 내가 있는 이곳도 경복궁과 함께 있던 조선 시대 관아 터라는구나.[27]

지금 시점에서 판단해 보면 이곳이 옛 모습을 간직하고 있는 것이 여러

---

26 2003년 한국토지공사가 청주시 산남동에 대규모 택지개발을 하던 중 환경단체에 의해 지구 내 원흥이방죽에서 인근 구룡산으로 이동하는 새끼 두꺼비 떼가 발견되었다. 이후 두꺼비 보호를 위해 시민단체에서 공사를 막거나 단식투쟁 등의 활동이 지속해서 진행되었다. 결국 이 지역에 두꺼비 생태공원이 조성되었는데, 전국적인 환경보존 모범 사례로 평가받고 있다.

27 2004년 당시 세종로 정부청사에 있던 정부혁신지방분권위원회에 파견근무 중이었다.

모로 경쟁력이 있을 것이지만, 사람이 살기 위해서는 이 주변 어딘가를 개발했을 테고, 그곳은 또 다른 파괴가 이루어졌겠지. 그럼 그곳은 과연 개발해도 되는 역사가 없는 땅인가 하는 의문이 있구나.

우리 주변의 모든 것들은 변해 가고 또 그것이 역사의 또 다른 순환 과정이라고들 한다. 우리는 흔히 '가만히 있는 것은 현상 유지가 아니라 퇴보'라고 말하며, 진보·혁신이라는 말도 너무 많이 들려 귀가 아플 지경이다. 그럼 과연 어떤 것이 '올바른 것'인가? 어느 것이 '개발과 보존'의 조화인가?

나는 그 판단 기준으로 사물·사건을 기본적으로 넓게, 멀리 보아야 한다고 생각한다. 될 수 있는 한 넓은 범위를 그리고 먼 앞날을 살펴서, 주변과 어울리게, 오랜 시간이 지나도 후회가 적도록 그리고 새로운 세대가 새로운 결정을 내릴 것도 생각해 가며 말이다. 물론 여기에는 많은 공부가 바탕이 된 현실과 미래에 대한 통찰력과 책임 의식이 있어야 하겠지.

친구여! 네가 주장하는 것이 두꺼비라는 단순한 생물의 보존만을 말하는 것이 아니라 두꺼비를 통해 인간답게 살 수 있는 환경을 만들자는 뜻인 줄 알고 있다.

그러나 너도 어느 정도 현실을 인정할 테니 어느 선에선가 타협하리라 생각한다. 그 협상 과정이나 서로의 요구 사항에 대해선 내가 뭐라 할 수 있는 것은 아닐 테고, 이번 기회에 네 양심에 기초한 나름의 개발과 보존에 대한 원칙만은 세워 보도록 부탁하고 싶다. 물론 그것은 깊은 통찰에 의한 너만의 원칙이 될 것이고, 그것이 앞으로 학생을 가르치거나 또 다른 사회생활을 할 때 너에게 큰 도움이 되리라 생각한다.

친구여! 이번 경험이 너의 인생에 큰 보탬이 되기를 바라며 이만 줄일게. 몸조심해….

2004. 11.

함께 만드는
문화예술도시[28]

집집이 작가가 직접 그린 미술품, 서예 작품이 걸려 있고,

저녁마다 가족들이 모여 즐겁게 악기를 연주하며

주말엔 자녀 손잡고 음악회, 전시회를 찾아가고

친구, 연인들은 연극, 무용, 영화를 통해 사랑을 쌓아 가는

문화로 행복한 청주시민을 꿈꾸며!

경제가 참 어렵다. 단군 이래 가장 힘들었다는 90년대 말 IMF 시절보다 더 힘들다고 난리다. 문화 이야기를 꺼내면 흔히 '문화가 밥 먹여 주냐!'라고 빈정거린다.

문화 예술인들의 입장도 마찬가지이다. 몇몇 특출한 스타를 제외

---

28 2006년 청주시 문화관광과장으로 근무 당시 청주예총 워크숍 발제문

하고는 '예술만 해서 밥 빌어먹기 힘들다.'는 푸념을 듣는 것이 어렵지 않다. '쥐꼬리만큼 주는 정부 보조금이라도 신청할라치면 왜 그리 눈치가 보이는지 모르겠다.'라는 자괴감 섞인 이야기도 많이 듣는다.

그런데도 한쪽에서는 21세기는 물질의 풍요보다 내면의 성숙과 삶의 질이 요구되는 문화의 시대라고 한다. 문화는 경제발전의 기본 토양이며 더불어 삶의 가치를 높이는 핵심 요인이라고 한다. 문화를 꽃피우고 시민들의 삶의 질을 풍요롭게 하는 예술성이 넘쳐나는 문화도시를 지향해야 한다고 한다. 문화가 지역의 경쟁력이며 신명 나게 살아갈 수 있는 삶의 터전이라고 말한다.

정말 그런가? 문화로 밥을 먹고 더 나아가 행복할 수 있는가? 우선 '그렇다!'라고 답을 하고 이야기를 풀어 가기로 하자. 이게 아니라면 세계의 석학들을 무시하는 것도 되지만, 문화와 예술에 평생을 바친 우리 모두가 너무 비참해지기 때문이다.

문화예술이 왜 중요한가?

요즘 창조도시라는 말이 화제가 되고 있다. 지방의 작은 도시라 할지라도 그 도시만의 개성을 살릴 때 세계의 중심이 될 수 있다는 시각이다. 다만 여기에는 창조적이고 참신한 아이디어로 지역이 지닌 수많은 자산을 독특한 개성으로 승화시켜 보편성을 획득해야 한다는 조건이 붙는다.

여기에 필수적인 것이 바로 '창조력'이다. 창조경영의 대가로 유명한 미시간 주립대 마이클 루트번스타인(Root-Bernstein) 교수는 예술의 중요성에 대해 이렇게 말한다.

"창조의 출발점은 바로 예술입니다. 시와 음악, 미술, 공연 등 예술은 세상을 다르게 볼 수 있는 실마리를 제공해요. 여기서 바로 창의력이 나오죠. 예술 작품은 창조적 사고의 가장 좋은 도구라고 할 수 있어요. 예술은 '독특한 경험'을 제공, 기존 사고방식을 뒤흔들어 놓습니다. 예술이 수학, 과학과 어학만큼 중요한 역할을 하는 이유죠."

누구나 살고 싶어 하는 그런 도시를 꿈꾸고 창조하기 위해서는 문화예술이 꼭 필요하다는 이야기다. 시정의 모든 영역에 문화예술을 통해 이루어진 품격 높은 관점이 적용되어야 한다.

청주는 문화도시인가?

60~70년대 먹고살기 어려웠던 시절, 경제개발 위주의 거점개발 전략은 환경 친화적인 지역 문화를 훼손했고, 문화예술에 대한 고민보다는 어떻게 하면 잘살 수 있을까 하는 데 초점이 맞추어졌다.

그 이후에도 정부 주도의 문화예술정책은 효율성을 내세워 지역의 고유한 특성과 독창성을 살리지 못했고, 대중성과 경쟁력을 내세운 문화정책은 전국의 어디를 가나 같은 테마, 같은 레퍼토리로 지역 문화예술의 획일화 현상을 가져왔다.

2000년 이후에나 비로소 지역 문화가 정책대상으로 검토되기 시작했으며, 중앙문화와 대등한 독자적인 문화라는 인식이 확산되었다. 그러나 아직 지역 문화의 환경 및 기반은 미흡한 실정이다.

그런데도 경주·공주·부여 등은 역사문화도시로, 전주·광주·안동·강릉 등은 전통문화도시로, 춘천·수원 등은 예술도시로, 순천·함평 등은 생태문화도시로 명성을 쌓아 가고 있다.

그럼 우리 청주는 어떤 도시인가? 자신 있게 청주를 문화도시라고 말할 수 있는가? 우리가 청주를 문화도시라고 부르고 싶은 것은 단지 문화도시에 살고 있다는 자부심을 위한 희망 사항인가?

그렇지 않다. 우리는 청주를 문화도시, 창조도시로 만들어야 하며, 만들 수 있다. 이런 긍정적인 생각이 바로 출발점이다.

우리가 할 일은 무엇인가?

문화도시 청주는 당연히 그냥 만들어지지 않는다. 문화예술인, 문화행정인, 문화전문가 집단 그리고 다양한 문화 소비자들이 머리를 맞대고 고민하고 참여해야 한다. 청주의 문화적 정체성을 고민하고 전 세계의 다양한 문화예술을 포용하며, 지역 내 문화 역량을 높이고 총결집함은 물론 시민들의 자발적인 문화 참여를 유도해야 한다.

첫째, 정체성을 확립하고 다양성을 인정해야 한다. 청주가 가지고 있는 문화적 특성과 예술적 우위는 어디에서 찾아야 할 것인가를 끊임없이 고민해야 한다. 여기에서 지역 문화의 독창성과 경쟁력이 나온다.

또 하나 중요한 것이 다양성의 인정이다. 프랑스 파리가 세계적인 문화예술도시로 인식될 수 있었던 것은 다른 지역의 문화예술가들을 적극적으로 포용했기에 가능했다. 포용을 통해 다양한 문화가 조화되고 이를 바탕으로 새로운 문화가 탄생했던 것이다.

우리 지역의 문화예술도 이러한 포용력이 필요하다. 기득권의 과감한 포기, 열린 마음의 타 문화 수용을 통해 한 단계 높은 청주문화의 차별성과 정체성을 획득해야 한다.

둘째, 정체성 확립과 다양성 인정을 바탕으로 청주만의 문화 비전을 정립해야 한다. 비전은 우리가 나아가야 할 목표와 방향을 정해주고, 어려운 문제가 발생해도 이를 극복하는 원천이 된다. 또한, 비전은 시대 상황에 따라 항상 수정되고 발전되어야 한다.

공동체가 함께 정한 비전은 그 공동체의 미래의 꿈이며, 희망이다. 따라서 청주시의 문화예술정책 수립에는 청주 지역 문화예술인이 주도적으로 참여해야 하고, 그래야만 원하는 모습의 문화도시를 함께 만들어 갈 수 있다. 복합문화센터의 건립과 운영 방향, 내실이 있는 문화예술행사, 문화모니터링제, 단체 연합행사 개최 등 함께해야 할 것들이 너무도 많다.

셋째, 소통과 네트워크 구축이다. 지역 문화예술가, 문화예술단체, 문화행정가, 전문교수 그리고 문화 소비자가 유기적으로 연결된 네트워크가 구축되어야 한다. 이런 네트워크를 통해 지역 문화 인력풀을 구성하고, 지역의 각종 문화예술 정보를 공유하며, 문화 예술인 육성과 지역 문화 프로그램의 개발이 이루어져야 한다.

또한, 지역문화 주체 간의 원활한 소통이 필요하다. 열린 마음으로 공유한 비전을 가지고 함께 머리를 맞대어 지역의 현안에 대해 논의할 수 있어야 한다. 각 단체의 고유성을 보여 줄 수 있는 것을 위주로 행사를 하고, 중복적인 행사는 단체연합으로 개최하는 것도 좋을 듯하다.

넷째, 감동을 주는 높은 수준의 예술이 만들어져야 한다. 부단한 연마와 노력으로 예술의 완성도와 가치를 높인 수준 높은 작품이 나와서 대한민국, 아니 세계에서 인정을 받을 수 있어야 한다. 이것이 지역 문화 역량의 기본이 된다.

다섯째, 문화예술 현장에 시민들이 문화 소비자로서 능동적으로 참여하도록 하는 것이 무엇보다 중요하다. 이들이 바로 소비자일 뿐 아니라 경쟁력의 평가자이기 때문이다. 더욱이 요즘 시민은 문화 창조자 역할까지 하면서 '문화 프로슈머'라는 말까지 나오고 있다.

과거 경제개발 중심의 정책과 입시 위주의 획일적인 교육제도 때문에 시민들의 문화 소비 수준이 높지 않다고 탓만 할 수 없다. 이들의 문화 수준과 욕구를 제대로 파악하고, 이에 부응하는 문화 공급이 이루어져야 하며, 교육과 참여를 통해 서서히 수준을 높이는 노력도 병행해야 한다. 사회적 약자와 지역적·경제적으로 문화에 소외된 계층의 문화 향유 기회 확대 또한 빼놓을 수 없다.

문화예술도시 청주를 위하여

지역의 문화예술은 그 지역의 오랜 문화 풍토, 오랜 역사, 환경 등이 어우러져서 형성되었기 때문에 그 지역만의 독특한 특성을 보인다. 그 지역에서 태어나 이름과 예능을 떨친 문화예술인들이 남기고 간 숨결과 발자취는 그 예술가를 기억하는 후학들에 의해 예술의 향기와 맥이 이어짐으로써 고유한 전통을 간직한다.

지역 문화예술 활동은 이러한 그 지역 고유의 문화예술의 정체성을 만들고 나아가 지역 시민의 의식을 하나로 묶는 사회 통합적인 기능을 갖는다. 이러한 지역 문화예술의 발전을 위해서는 지역 문화예술계의 역할이 매우 중요하다. 비판과 협력, 교류연대를 기초로 한 적극적인 참여가 필수적이다.

문화예술도시 만들기

문화예술이 왜 중요한가?
- 창조의 출발점
- 창의적 사고의 가장 좋은 도구

우리 도시는 문화도시인가?
- 그렇게 생각하고 만들겠다는 것이 출발점

우리가 할 일은?
- 정체성 확립과 다양성 인정
- 문화비전 정립
- 소통과 네트워크
- 감동을 주는 높은 수준의 예술 창조
- 시민 문화 참여 – 문화 프로슈머

★ 생활 속에서 풍요로운 문화의 삶을 누리는 그날을 위하여

점점 중요해 가는 행복지수를 높이는 역할을 문화예술인들이 했으면 한다. 문화 관련자 모두가 먹고사는 문제에 연연하기보다 국민을 행복하게 해 주는 일을 한다는 것에 자긍심을 가졌으면 좋겠다. 그래서 문화의 힘으로 청주의 행복지수가 최고가 되었으면 더욱 좋겠다.

시민 모두가 생활 속에서 풍요로운 문화의 삶을 누리며,
문화도시 청주라는 브랜드를 자랑스럽게 여기게 될 그날을 꿈꾸며.

주민이 함께하는
커뮤니티 아트(community art)

'커뮤니티 비즈니스(community business)'라는 말이 최근 들어 여러 방면에서 많이 들려온다. '사회공동체 사업'이라고 번역되는데, 우리 주변의 공동체 구성원들이 함께 사는 좋은 사회를 만들어 가는 데 비즈니스적, 즉 사업적 사고를 가미한 것을 말한다.

알기 쉬운 예로 육아 품앗이를 들 수 있다. 과거에 우리가 농사를 짓거나, 다른 마을의 애경사에 참석할 때 아이를 이웃집에 맡기고 갔다. 이웃은 당연히 아이를 맡아 주었으며, 이것은 다음에 유사한 일이 발생하면 내 자식도 맡아 줄 것이라는 묵시적인 사회적 약속이 있었기 때문에 가능했다.

그러나 사회가 변화하면서 미풍양속이라고 일컬어지던 이런 것들이 사라지고 있으며, 이웃 간에 왕래조차 이루어지지 않아 사회문제가 되고 있는 실정이다. 이런 사회적 현상을 비즈니스로 해결해 보자는 것이 바로 '커뮤니티 비즈니스'이다.

즉 지역사회의 주민이 주체가 되어 남아도는 시간과 인력을 적절히 활용해 점점 다양해지는 교육·보건·복지·환경 등 사회적 문제를 공동체적 입장에서 적당한 보상으로 해결하고자 하는 것이다.

'커뮤니티 아트' 또한 유사한 개념이다. '사회공동체 문화'라고 번역할 수 있는데, 문화 엘리트들에 의한 예술보다는 문화 민주주의에 바탕을 두고 보다 많은 사람이 다양한 방법으로 문화예술 창작에 참여하고 누리는 것을 목적으로 한다.

이는 우리가 흔히 말하는 '공공예술(public art)'과도 다르다. 공공예술이 전문가에 의해 만들어져 대중의 자유로운 문화 향유를 위해 제공된다면, 커뮤니티 아트는 대중이 직접 참여하여 문화를 만드는 데 중점을 두는 개념이다.

청계천의 다슬기 닮은 '스프링'이라는 작품이 공공예술품이라면, 우리 청주의 수암골 벽화는 커뮤니티 아트라고 할 만하다. 수암골 벽화에는 이곳에 사는 주민들의 재미있는 사연들이 담겨 있다. 대표적으로 아이들 셋이 즐겁게 놀고 있는 벽화에는 그 집에 사는 아이들 세 명 모두가 항상 행복하게 살기를 바라는 주인의 소망이 담겨 있고, 점박이 강아지가 있는 집 담에는 똑같이 생긴 강아지가 그려져 보초를 서고 있다.

이렇듯 커뮤니티 아트에는 예술 전문가 외에 참여하는 사회 구성원이 필수적이다. 즉 문화의 소비자와 공급자의 경계가 사라지게 되

	커뮤니티 아트	공공예술
문화 창조자	작가, 대중	작가
개념	문화 민주주의	문화의 민주화
대중의 역할	문화 창조와 향유	고급문화의 향유
사례	달동네 벽화	청계천 스프링

청주 수암골 벽화   청계천의 다슬기 닮은 '스프링'

는 것이다. 그래서 그 속에는 구성원들의 삶의 흔적과 소망이 담겨 있게 되고, 그것이 외지인들에게도 공감을 불러오는 것이다.

 이런 커뮤니티 아트는 참여예술로서의 효용성뿐만 아니라, 다양한 직업의 결합을 통한 창조적 산업 발전과 사회공동체의 통합 역할을 하기도 한다. 다양한 삶의 경험들이 예술로 녹아들게 되고, 이를 통해 예술은 풍부해지고 사회는 풍요로워진다.

또한, 커뮤니티 아트에 있어 중요한 것은 바로 자발성(自發性)이다. 사회 구성원들이 우리 지역을 아름답고 풍요롭게 만들어 보자는 자발적인 참여가 무엇보다 중요하다. 이런 '참여형 주민'들이 예술을 통해 살기 좋은 마을 만들기에 적극적으로 참여하고, 그 속에서 행복을 느끼는 것이 커뮤니티 아트의 최종 목표가 된다.

삶의 질이 높은 행복한 도시, 커뮤니티 아트를 활용해 보자.[29]

---

29 필자의 박사 학위 논문 「문화예술공동체 형성을 위한 네트워크 구축에 관한 연구」(2010. 8)는 커뮤니티 아트를 활성화하는 방안을 제시한 것이다.

산토리니엔 있고
우리나라엔 없는 것

　얼마 전 지중해 주변의 몇 나라를 여행할 기회가 있었다.[30] 여행의 백미는 이슬로 씻어 만들어졌다는 환상의 섬, 그리스의 산토리니(Santorini)를 방문한 것이었다. 산토리니섬은 가라앉은 화산 일부로, 거대한 절벽들이 해변을 따라 원형으로 둘러서서 잔잔하고 푸른 바다를 배경으로 섬을 에워싸고 있고, 수많은 작은 화산섬들이 바다에 흩어져 있다.

　사라진 대륙 아틀란티스의 일부라는 전설이 있는 이곳은 세계에서 가장 아름다운 섬이라는 찬사를 받는 곳으로, 수많은 외국 관광객들의 발길이 끊이지 않는다. 짙고 푸른 에게해의 검은 모래가 깔린 해변에서의 해수욕과 북쪽 끝에 자리 잡은 이아마을에서 수많은

---

30 2012년 지방행정연수원 장기교육과정의 일환으로 6. 25 ~ 7. 5 간 터키, 그리스, 이탈리아를 탐방할 기회가 있었다.

하얀 건물이 조화롭게 들어선 산토리니섬

관광객과 함께 바라본 일몰 광경은 아직도 잊히지 않는다.

그러나 산토리니를 유명하게 만든 것은 이런 천혜의 자연환경도 있겠지만, 깎아지른 듯한 높은 절벽을 따라 아슬아슬하게 자리 잡은 하얀 건물들이다. 항구에서 산꼭대기를 바라다보면 무질서하게 보이는 가운데서도 하얀색으로 묘한 동질감을 지닌 건물들이 꼭 동화 속의 하늘 마을같이 자리 잡고 있다.

해변에서 산 위의 마을로 올라가기 위해서는, 지그재그로 놓인 가파른 계단 위를 걷거나 나귀를 타고 올라갈 수도 있고 케이블카를 이용할 수도 있다. 우리는 나귀를 타고 올라왔는데, 나귀에서 내리자 하얗고 좁다란 골목길에 탄성을 자아낼 만큼 예쁜 카페와 아기자기한 공예품들을 파는 상점들이 즐비하다. 그야말로 동화 속 거리로 들어선 듯하다.

이곳의 하얀 벽돌담과 파란 지붕 사이의 골목길에서, 하얀 치마를 입고 자전거를 타는 유명한 이온 음료 광고를 찍었다고 한다. 이렇게 아름다운 풍경과 낭만적인 분위기로 인해 산토리니는 전 세계 신혼부부들이 가장 가고 싶어 하는 여행지로 꼽히고 있다.

그러나 여행 내내 마음 한편에 자리 잡고 있던 것은 '우리나라에도 이처럼 아름다운 자연환경을 갖춘 곳이 많이 있는데….' 하는 생각이었다. 제주도의 그림 같은 주상절리나 남해안 다도해 국립공원의 멋진 풍광은 산토리니에 견줄 만큼 아름답지 않은가. 그래서 산토리니에는 있고 우리나라에는 없는 것이 무엇인지 생각해 보았다.

첫째, 오랜 세월 동안 자연과 어울리는 삶을 살아온 사람들이 있다. 어려운 생활 여건 속에서 꾸준히 오늘날의 환상의 섬을 만들어 온 사람들이 존재하는 것이, 우리나라의 농어촌 인구 감소 현상과 비교된다.

둘째, 산토리니에는 '과연 산토리니'라고 느낄 수 있는 정체성이 있다. 아기자기한 건축물들은 모양과 형태는 조금씩 다르지만, 그 다름을 조화롭게 만드는 하얀 색과 눈에 보이지 않는 로맨틱한 분위기가 있다.

셋째, 스토리가 있다. 침몰된 아틀란티스 대륙의 일부, 환상적인 이아마을의 일몰, 신혼여행 선호도 1위, 멋진 광고의 촬영지 등 그동안 만들어져 전해 오는 이야깃거리가 있다.

지금 우리나라는 여러 방면에서 세계에 알려지고 있다. 우리나라를 찾는 외국인 관광객이 1,000만을 돌파했으며, 한국을 몰랐던 많

아름다운 금수강산

은 외국인이 이제는 한국의 음악과 춤을 따라 하고, 한국 드라마에 감동하고 있다. 김치나 비빔밥과 같은 한식의 세계화와 저렴하고 뛰어난 의료기술을 통한 건강의료 관광도 점점 늘어나고 있다. 또한 월드컵, 올림픽 등 세계적인 운동경기에서 뛰어난 성적을 올리고 있기도 하다.

그러나 세계 어느 나라도 가지지 못한 사계절 뚜렷한 금수강산이 우리가 지닌 'Only One'의 자랑거리임을 잘 모르고 있는 것은 아닐까.

이런 아름다운 국토에 대한 깨달음과 자부심을 바탕으로 한국의 정체성이 살아 있는 삶의 공간을 조성하고, 그 속에서 누구나 공감하는 스토리를 만들어 낼 때 전 세계인이 우리나라를 찾아올 것이다.

　－ 근자열 원자래(近者悅 遠者來, 「논어」「자로편」)

　살고 있는 사람이 즐거워야 멀리서도 찾아온다.

교통 문제,
패러다임 전환이 필요하다

패러다임(Paradigm)이란 '한 시대 사람들의 견해나 사고를 지배하고 있는 이론적 틀이나 개념의 집합체'를 말하는데, 미국의 과학사가 쿤(Kuhn, T. S.)이 그의 책『과학 혁명의 구조』(1962)에서 처음으로 제시한 개념이다.

이렇게 한 시대를 지배하는 패러다임을 새롭게 바꾼다는 것은 매우 어려운 일이며 상당한 혼란과 진통이 수반된다. 그런데도 아인슈타인이 "어떤 문제도 그것을 만들어 낸 의식과 같은 수준에서는 해결될 수 없다."라고 한 것처럼, 패러다임의 전환 없이는 진정한 창조와 변화 또한 일어날 수 없다.

친환경 녹색성장이 전 세계적인 화두가 된 지금, 우리의 삶과 밀접한 연관이 있는 교통 부문도 새로운 패러다임을 요구받고 있다.

산업화 초기부터 경제 및 사회발전의 동력으로 평가받던 교통 부문이 현재는 환경오염과 지구 온난화의 주범으로 인식되고 있다. 실제로 교통 부문은 세계적으로 에너지 부문 온실가스 배출량의 약 24%를 차지하고 있기도 하다.

그뿐만 아니라 현재의 교통체계는 교통사고를 일으킴은 물론 인간의 삶을 자동차에 종속시키고 있다는 비난을 받고 있다. 삶의 공간을 도로나 자동차에 빼앗기고 있다는 것이다. 따라서 이제는 새로운 시각에서 교통 부문에 내포하고 있는 문제점을 바라보고 해법을 모색할 필요가 있다.

지금까지의 교통 문제에 대한 시각을 살펴보면, 첫째, 어떻게 하면 자동차를 편리하게 이용할 수 있는가에 중점을 두어 왔다. 그래서 도로의 건설과 확포장, 주차장의 확보 등 교통시설의 확충이 주요 교통정책이었다.

둘째, 자가용 위주의 정책을 펼쳐 왔다. 시민의 편리와 자동차 산업의 육성이란 명목으로 자가용 구매와 운행에 대한 제약을 최소화함으로써 2차량 이상을 보유하고 있는 가구가 늘고 있으며 이는 대중교통 이용의 급격한 감소를 가져왔다.

셋째, 교통 부문이 발생시키는 사회 환경 문제에 대해 등한시했다. 차량 매연이나 소음 등의 환경적 문제나 자동차 위주의 생활로 인한 인간적인 삶의 포기 등 사회문제에 대해 근본적인 해결 방안을 찾지 못하고 있다.

이렇듯 지금까지의 교통 문제 접근은 지속 가능한 교통체계를 구축하는 데 있어 한계를 보여 주고 있다. 따라서 이제 교통 문제에 접

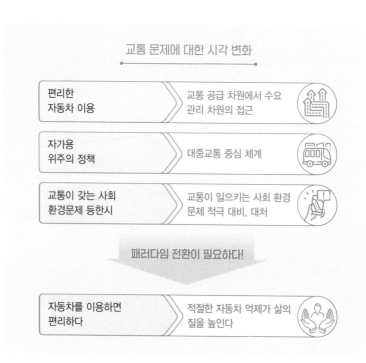

교통 문제에 대한 시각 변화

편리한 자동차 이용	교통 공급 차원에서 수요 관리 차원의 접근
자가용 위주의 정책	대중교통 중심 체계
교통이 갖는 사회 환경문제 등한시	교통이 일으키는 사회 환경 문제 적극 대비, 대처

패러다임 전환이 필요하다!

| 자동차를 이용하면 편리하다 | 적절한 자동차 억제가 삶의 질을 높인다 |

근하는 패러다임을 바꿔야 할 시점이다.

먼저 교통 수요 관리 측면을 중요시해야 한다. 교통 수요의 억제 또는 분산의 효과를 위해 도시 기능의 분산, 도심 교통유발건물의 신축 억제, 출퇴근시차제의 확대, 도심 진입 차량의 통제, 승용차 부제 운행 등의 시책을 강력히 시행할 필요가 있다. 이러한 시책들은 도심의 자가용 운행을 조절함으로써 새로운 비용의 투입 없이 도심 교통 문제를 해결할 수 있다.

둘째, 대중교통 중심체제로 전환해야 한다. 지하철, 시내버스, 노면전차 등 다양한 대중교통 수단을 도입하고, 선진국에서 효과를 보고 있는 대중교통전용지구, 버스전용차로, 차 없는 거리 등의 대중교통 정책 또한 우리 현실에 맞게 적극적으로 검토해야 한다. 이런 교통수단과 시책들은 서울을 비롯하여 유럽 등의 교통 선진도시에서 이미 검증을 거쳐 도심 재생과 삶의 질 향상에 효과를 보고 있으므로, 도시의 실정에 맞게 도입한다면 분명 긍정적인 효과가 있을 것이다.

셋째, 교통이 일으키는 사회 환경문제에 적극적으로 대비하고 대처해야 한다. 소음이나 화석연료의 사용으로 인한 대기환경 오염, 교통사고 등 교통이 갖는 사회문제 해결에 더욱 적극적으로 노력해야 한다.

그러나 무엇보다 중요한 것은 교통 문제에 대한 시민들의 패러다임 전환이다. 이제는 '자동차를 이용하면 편리하다.'는 패러다임을 '적절한 자동차 억제가 삶의 질을 높인다.'라고 전환해야 한다.

우리 어린이들이 자동차에 빼앗겼던 공간에서 마음껏 뛰어노는 날이 빨리 왔으면 한다.

대중교통 모범도시 - 콜롬비아 보고타시

"과거의 어린이들이 늑대를 두려워하며 컸다면, 오늘날의 어린이들은 자동차를 두려워하며 큰다."
과감한 대중교통 시스템의 도입으로 획기적인 도시 변화를 가져왔다고 평가받는 콜롬비아의 수도 보고타시의 전시장인 페냐로사의 말이다.

'콜롬비아' 하면 40여 년간의 내전과 마약 그리고 높은 빈부 격차 등 부정적인 이미지가 강하지만, 보고타의 선진 교통시스템은 세계 여러 도시의 벤치마킹 대상이 되고 있다. 90년대 말 새롭게 추진된 보고타의 강력한 교통개혁이 새로운 도시 모델로 세계의 주목을 받는 것이다.

대표적으로 보고타시는 하루 2회 교통 혼잡 시간대에 자가용 운행의 40%를 제한하고 있으며, 매주 일요일에는 120㎞에 이르는 주요 도로에 자동차 운행을 금지하고, 브라질 쿠리티바의 버스 시스템을 창조적으로 도입한 통합버스시스템을 운영하고 있다. 이런 정책들은 2000년 10월 주민투표를 통해 결정되어 현재까지 강력하게 시행되고 있다.

서울시의 대중교통 시책도 세계적으로 높은 평가를 받고 있다. '승용차가 없어도 편리한 도시'라는 목표 아래 추진 중인 수도권 통합환승시스템, 편리한 요금 할인제도, 버스준공영제, 중앙버스전용차로 등은 체계적이고 혁신적인 대중교통 시책으로 많은 상을 받았다.

선진국의 대중교통 활성화 정책

교통 선진국의 정책 기본 마인드는 도심 혼잡 지역에 자가용을 가지고 오면 불편하다는 사회적 합의를 전제로 한다.

대표적으로 도심 차량 진입 금지, 도심통행료 징수, 도심 주차장 상한제 등의 정책이 있다. 또한 도로의 신설이나 확장 대신에 도로 중앙에 버스전용차로를 설치하거나, 도심에 대중교통 전용지구를 지정함으로써 버스의 운행은 편리하게 하되 자가용의 운행은 힘들게 하고 있다. 이로 인해 외곽 지역의 이동은 자가용을 이용하고, 도심 지역은 잘 정비된 지하철이나 노면전차 그리고 시내버스 등 대중교통을 이용하도록 하는 것이다.

아울러 대중교통 이용의 편리성을 높이기 위해 시민들의 출발지와 목적지에 대한 분석과 이동 방법 그리고 이용 시간대 등을 철저히 분석해 합리적인 버스 노선체계를 구축하고, 간선·지선·순환노선 등 다양한 버스노선과 환승 체계를 도입해 시민들이 안전하고 편리하게 시내버스를 이용하도록 하고 있다.

이런 대중교통 우선 정책이 효과를 거두기 위해서는 시민들의 성숙한 교통문화 의식이 먼저 정립되어야만 한다.

지속 가능한
도시 기반 '교통복지'

선거 시즌만 되면 여야를 막론하고 '복지(福祉)'라는 말을 많이 사용한다. 진보와 보수 진영 간에 '보편적 복지, 선별적 복지' 하며 보는 시각이 다르기는 하지만, 복지국가를 지향하는 것이 시대적 흐름인 듯싶다.

그런데 교통과 관련해서도 '교통복지(交通福祉)'라는 말이 눈에 자주 띈다. 이는 교통 분야에서도 복지 차원에서 사회적 약자를 배려해야 한다는 인식이 퍼지고 있고, 사회적으로도 교통 패러다임이 효율성 중심에서 형평성 위주로 전환되고 있기 때문이다.

교통 분야의 사회적 약자라 하면 그 범위가 매우 광범위하다. 장애인뿐만 아니라 학생을 포함한 노약자와 임산부는 물론 저소득층이 모두 포함된다. 교통수단도 특별교통수단은 물론 저상버스를 포함한 대중교통 전체가 대상이 된다. 따라서 교통복지 정책의 실현은 시민 전체를 대상으로 한 대중교통 활성화를 통해 이루어진다.

이렇게 대중교통이 복지 차원에서 중요하게 평가받고 있는 데는 몇 가지 이유가 있다.

첫째, 공공성 측면을 들 수 있다. 대중교통은 학생, 노약자, 저소득층 등 이른바 교통 약자들의 이동권을 보장하는 주요한 이동 수단이다. 대중교통이 활성화된 선진국을 보면 이동 거리나 환승 횟수, 교통수단 간 환승에 관계없이 저렴한 요금을 적용·유지하고 있음을 알 수 있다. 아울러 자가용 억제를 통해 에너지를 절약할 수 있고, 지구 온난화를 일으키는 탄소배출을 절감함으로써 인류의 생존을 위협하는 환경 파괴에도 중요한 대처 수단이 된다.

대중교통의 복지성

공공성	· 교통 약자의 이동권 보장 · 환경문제의 해결책
수송 효율성	· 교통혼잡 완화 · 남는 공간을 사람에게
형평성	· 이용자 차별 배제

★ 대중교통은 공공재다!

둘째로 수송 효율성 측면이다. 버스 한 대는 무려 나 홀로 자가용 40대의 수송 능력을 갖추고 있다. 그만큼 교통 혼잡을 완화할 수 있고 남는 공간을 사람에게 되돌려줄 수 있다.

셋째, 교통수단의 형평성 측면으로 신분, 소득 등과 관계없이 이용하는 대중교통의 특성상 차별이 있을 수 없어 사회적 형평성을 확보하는 장점이 있다.

대중교통은 공공성의 원리에 근거해서 체계적으로 관리될 때 그 효율성이 증대되는 전형적인 공공재(公共財)적 특성을 가진다. 이는 대중교통 제공자와 이용자들에게 사회적 인센티브를 제공하는 경제적인 타당성을 부여하며, 공공성의 확대라는 사회 가치에도 부합된다. 따라서 국가나 지방자치단체에서 적극적으로 대중교통을 관리할 필요성이 있는 것이다.

대체로 복지예산을 두고 '소모성이 강하다'고 생각하는 보수 진영의 시각과 '사회적 투자'라는 진보 진영의 시각이 대립하고 있다. 성장이 우선인지, 분배가 우선인지에 대한 쟁점인 셈이다.

그러나 교통복지에 대한 투자는 이런 논쟁에서 한 걸음 비껴 있다. 대중교통과 관련된 예산은 바로 자가용 이용의 감소와 사회적 통합이라는 긍정적인 효과로 나타나므로 다툴 필요가 없기 때문이다.

복지의 궁극적인 목표는 모든 시민에게 보편적으로 혜택을 주는 것이다. 대중교통 또한 기존의 대표적인 서민 교통수단에서 시민 모두가 이용하는 교통수단으로 인식이 변화하고 있어 복지의 최종 목표에도 부합된다고 할 수 있다.

사회적 약자를 배려한다는 수준을 넘어 포괄적이며 보편적인 복지 차원에서의 대중교통에 대한 적극적인 투자는, 지속 가능한 녹색 성장시대, 미래 복지국가를 만드는 데 토대가 되는 중요한 복지 투자임이 틀림없다.

한국의 미래는
'교육'에 달려 있다

얼마 전 세계적인 미래학자 앨빈 토플러(Alvin Toffler)가 방한한 적이 있었다. 그는 여러 곳에서 강연도 하고 젊은 학생들과 대담도 하였는데, 그가 한 말의 일부이다.

"과거 30년간 한국 사회의 변화는 내가 예측한 인류의 미래 변화 그대로다. 농경과 산업사회, 정보화 사회를 거쳐 지식경제(Knowledge Economy) 사회로 진입하고 있다. 지식기반 사회는 시간·공간·지식은 물론 기존의 가치와 기준, 경계가 모호해지는 사회로 이 같은 변화에 적응하려면 조직의 모든 구성원이 수평·수직적으로 소통하고 협력하는 유연성을 갖춰야 한다."

그는 교육과 관련해서도 중요한 말을 했다.

"미래사회는 한정된 자원의 다툼이 아니라 무한한 자원인 지식을 기반으로 부를 창출하는 사회로, 교육 자체를 근본적으로 바꿀 수 있는 국가가 미래의 부를 이끌 것이다."

또한, 한국의 교육과 관련해서 2008년 홍콩에서 열린 CLSA 포럼에서 한국 기자에게 더욱 혹독한 지적을 하기도 했다.

"한국에서 가장 이해하기 어려운 것은 교육이 정반대로 가고 있다는 점이다. 한국 학생들은 하루 10시간 이상을 학교와 학원에서 보내며, 자신들의 미래에 필요하지 않을 지식과 존재하지도 않을 직업을 위해 시간을 허비하고 있다. 더 나쁜 것은 국가 발전의 가장 큰 장애 요인인 평등화·획일화 교육을 하고 있다는 사실이다. 차기 한국의 대통령은 경제나 국가안보보다 오히려 교육 개혁에 힘써야 할 것이다. 한국의 미래는 '교육'에 달려 있기 때문이다."

그러면서 "앞으로 쓸모없어질 수도 있는 지식을 획일적으로 교육받는 현 제도에서 벗어나 창의력을 갖추고 스스로 사고와 혁신할 수 있는 인재를 길러 낼 새 시스템을 만들어야 한다."라고 대안까지 제시했다.

이는 학부모의 입장이라면 누구나 공감할 만한 말이다. 학생들의 재능에 상관없이 몇 가지 과목에 중점을 둔 똑같은 시험문제로 획일적으로 평가받고 주입식인 교육 환경에서 자라난 아이들이 국경 없는 경쟁 무대에서 과연 개인의 행복과 나라의 번영을 가져올 수 있을 것인가 하는 근본적인 고민을 해 볼 필요가 있다.

사회생활을 하다 보면 음악·미술·운동과 같은 예체능 과목이 열심히 공부하는 국·영·수 과목보다 필요할 때가 많고, 어려운 이웃과 함께 하는 마음씨가 좋은 사회를 만드는 데 훨씬 도움이 된다는 것을 깨닫게 된다. 예체능 과목은 학생들의 사고를 무한히 확장하는 기반이며, 자원봉사는 더불어 사는 행복한 나라를 만드는 기반이다.

지식과 정보가 무한대로 널려 있는 시대, 다양한 형태의 직업과 활동이 있는 사회에서는 대량생산체제 식의 획일적 교육이 아닌, 다원화된 개성을 키우고 창의력을 자극하는 새로운 교육시스템이 필요하다.

여기서 오늘날의 정보화·다양화의 시대 상황에 맞는 문화 유전자가 우리에게 있다는 것을 강조하고자 한다. 다양한 정보 욕구에 신속하게 대응하기 위한 인류 최고의 발명품이 바로 금속활자였고, 우리 선조들이 이를 세계에서 제일 먼저 창안하여 사용했다는 사실은 토플러가 말하는 지식기반시대에 중요한 문화적 뿌리가 될 수 있다.

토플러는 "정보기술(IT)에 익숙한 한국 청소년들이 미래의 세계를 창조할 것"이라고 예견했다. 그러나 그 전제 조건에 교육 개혁이 있음을 명심해야 할 것이다.

천재^(天災)인가, 인재^(人災)인가

'가뭄 끝은 있어도 장마 끝은 없다.'라는 속담이 있다. 가뭄은 아무리 심한 경우라도 다소의 농작물 수확은 있지만, 큰물은 모든 것을 쓸어가 버리므로 아무것도 남는 것이 없다는 말이다. 즉, 가뭄보다 장마로 인한 재난이 더 무섭다는 뜻이다.

전국이 온통 물난리다. 태풍 '에위니아'에 장마전선까지 겹쳐 며칠째 쏟아지고 있는 빗줄기에 심한 몸살을 앓고 있다. 많은 인명 피해와 가옥 침수, 농경지 유실, 산사태 등 재산 피해 또한 눈덩이처럼 늘어나고 있다.

당시 장마에 대한 뉴스 속보를 보면 정부에서 충주댐 방류에 무척 신경을 쓰고 있음을 알 수 있다. 한강의 수위를 결정하는 충주댐의

방류 여부가 수도권 비 피해에 결정적인 역할을 하기 때문이다.[31]

이로 인해 충주댐 상류 지역인 단양과 영월 지역의 수해가 '수도권을 살리기 위한 충주댐의 방류 억제 때문'으로 초점이 맞춰지고 있어 인재(人災)라는 말이 나오고 있다.

정부와 일부 언론은 이를 계기로 다목적 댐 건설을 추진하려 하고, 환경단체는 무분별한 개발에 의한 자연 파괴에 대한 우려로 반대 뜻을 분명히 밝히고 있다. 대표적인 곳이 바로 영월, 단양에 피해를 몰고 온 동강이다.

댐 건설의 가장 큰 이유는 우기에 집중된 빗물을 담아 둠으로써 생활용수, 산업용수 등 수자원으로 활용하기 위한 것이고, 두 번째가 이번과 같이 큰 비가 오면 댐의 방류량을 적절히 조절하여 하류의 홍수 피해를 최소화하는 것이다.

환경단체는 나름의 이유를 들어 댐 건설에 부정적인 견해를 제기하고 있다. 우선 댐 건설이 자연환경과 역사문화유산을 훼손하고 생태계를 파괴한다는 것이다. 두 번째로 댐 건설로 인한 침수 등으로 지역경제에 악영향을 끼친다는 것이다. 이번 피해에도 불구하고 영월군수가 래프팅 등 관광 수입 감소를 이유로 댐 건설에 회의적인 반응을 보이기도 했다.

여기에서 댐 건설의 찬반 의견을 말하고자 하는 것은 아니다. 다

---

31 2006년 여름 태풍 에위니아로 충주댐의 수문 개방 여부를 두고 논란이 벌어졌다. 충주댐의 물이 팔당댐을 거쳐 서울 한강수계에 직접적으로 영향을 미치기 때문이다. 그러나 방류를 하지 않으면 상류에 거주하는 단양군과 영월군 주민들은 댐 수위가 올라가서 긴급 대피를 해야만 한다.

만 이에 대한 진행이 매끄럽지 못하면 국가적으로 커다란 주민 갈등과 예산 낭비가 초래될 수 있다는 것을 지적하고 싶다.

우리는 지금까지 방폐장 문제, 천성산 터널 공사, 새만금사업 등 굵직굵직한 국책사업들이 다양한 이유로 제대로 추진되지 못하면서, 국론 분열과 지역 갈등은 물론 엄청난 예산이 낭비되는 사례를 보아 왔다.

커다란 국책사업은 추진에 앞서 타당성과 효율성을 철저히 검토해야 한다. 여기에는 정부와 전문가 그리고 지역 주민 등 이해당사자들이 신뢰하고 참여해야 하며, 결정된 사업은 바로 시행되어야 한다. 시행 도중에 딴지를 걸어서는 더더욱 안 된다.

최근 들어 지구 온난화 등 기상이변으로 인해 태풍, 장마 등의 집중호우 빈도가 높아지고 있다. 다목적 댐이든 아니면 다른 어떤 방법이든 다시는 '인재냐? 천재냐?'를 두고 다투는 일이 없었으면 한다. 수재민들은 흑묘(黑猫)든 백묘(白猫)든 간에 수해라는 쥐를 빨리 잡아 주길 바랄 뿐이기 때문이다.

저출산의 해법,
매사마골(賈死馬骨)

중국 전국시대, 새로 즉위한 연나라 소왕(昭王)은 인근 제나라에 빼앗긴 영토를 되찾기 위해 인재를 모으고자 했다. 이때 재상 곽외가 이런 말을 했다.

"옛날 어느 왕이 천리마를 갖고 싶어 했으나 3년이 지나도 얻지 못하고 있을 때, 한 신하가 천리마를 구해 오겠다고 나서자 왕은 그에게 천금을 주고 그 일을 맡겼습니다. 신하는 몇 달 뒤에 천리마가 있는 곳을 알고 달려갔으나 아깝게도 며칠 전에 죽었다고 합니다.

그런데 그가 그 죽은 말의 뼈를 오백 금이나 주고 사 오자, 왕은 자신이 원하는 것은 살아 있는 천리마이지 죽은 말뼈가 아니라며 화를 냈습니다. 그러자 신하는, 이제 천리마라면 죽은 뼈조차도 큰돈으로 산다는 것을 사람들이 알게 된 만큼 머지않아 반드시 천리마를 끌고 올 거라고 했습니다. 그랬더니 정말 1년도 되지 않아 천리마가 세 필이나 모였다고 합니다[매사마골(買死馬骨)].

만일 전하께서 진정 인재를 구하시려면 먼저 저부터 예우해 주십시오. 그러면 저 같은 미천한 자도 후대를 받는다며 저보다 어진 이가 천 리 길도 마다 않고 모여들 것입니다[선시어외(先始於隗)]."

소왕이 곽외의 말을 듣고 예우를 하니 정말 인재들이 모여들었고, 후에 소왕은 이들의 보필을 받아 제나라에 승리하였다고 한다. 이는 인재를 모으고자 할 때 많이 인용되는 고사로, 인재를 찾기 위해서는 그만큼의 대접을 한다는 것을 '먼저' 보여 주어야 한다는 이야기다.

나는 이 고사를 지금 국가적 문제로 떠오르고 있는 저출산의 해법으로 제시해 보고자 한다.

2020년 기준 우리나라 합계출산율은 2019년 0.92명에서 0.84명으로 떨어져, 인구 유지 수준인 2.1명에 비해 턱없이 모자란다. 말하기조차 두려운 '죽음을 향해 가는 사회'로 가고 있는 것이다.

저출산으로 인한 인구 감소는 시기를 놓치면 회복하기 어렵고, 고령화, 경제인구 감소, 생산 및 소비 감소 등 국가 존립과 직결된 중차대한 문제를 일으킨다는 점에서 더는 미룰 수 없는 국정의 최우선 과제이다.

정부와 관계기관에서 이를 '재난적 상황'으로 인식하고, 다양한 정책 방안을 모색하고 있으나 국민들이 제대로 받아들이지 않는 것 같다. 그 원인을 여성의 사회 참여, 육아, 생활 패러다임 변화 등 여러 곳에서 찾고 있지만, 큰 원인 중 하나가 자기 주변에서 자녀를 많이 둔 사람들이 자녀교육이나 생활에 어려움을 겪고 있는 것을 뻔히 보

필자의 가족사진

고 있는 것 때문이 아닌가 생각한다. 나도 이렇게 힘들 수 있다는 생
각이 출산을 주저하게 하는 것이다.

　이에 '매사마골'의 고사를 떠올리게 된다. 죽은 말까지도 오백 금을
주고 사듯이 이미 많은 자녀를 가진 가정에 많은 혜택을 주면 어떨까
한다. 국가 예산으로 생각하는 것보다 많은 교육비, 생활비 등을 지
원한다면, 많은 자녀를 둔 가정이 자발적으로 자기 주변에 이를 홍
보할 것이고, 이것이 자연스레 출산으로 이어질 것이라 생각한다.[32]

---

32 2000년 2월 독일 프랑크푸르트 한인회 활동 지원을 위해 출장을 갔었다. 당시 한인회 총무님의 자녀가 넷
　이었는데, 자기는 나라에서 주는 양육비만 가지고도 생활이 된다고 자랑하는 것을 듣고 부러워했던 기억이
　있다.

필자는 딸만 넷을 둔 '딸 부자'이다. 지금은 다 잘 자라서 주변에서 '애국자다', '부럽다'라는 말을 많이 하지만, 예전에는 어떻게 키우느냐는 걱정도 많이 들었다. 실제로 키우면서 자식들이 속을 썩이거나 교육비가 많이 들어갈 때면 나도 모르게 주변에 자녀 양육의 힘든 사정을 이야기하곤 했다.[33]

만약에 정부에서 필자 같은 다자녀 가정에 양육 지원을 충분하게 해 주었다면 주변에 출산을 적극적으로 권했을 것이고, 그 이야기를 듣고 자녀를 낳은 사람도 많았으리라 생각한다. 정부 시책에 신뢰를 높이는 방법으로, 죽은 말의 뼈를 산다는 고사를 이용해 기존 다자녀 가정에 가시적이고 강력한 양육 지원을 하였으면 한다.

---

33 '셋째 자녀 이상 대학 학자금 무료 정책'이 좋은 예다. 필자가 이 혜택을 받는 것으로 알고 있던 주변 사람들이, 소득분위 기준 초과로 받지 못한다고 하면 놀라곤 한다.

이런 사회 어떤가요?
-우리가 만나야 할 미래

그는 두 번 놀랐다고 했다. '이런 사회, 이런 나라가 어떻게 있을 수 있나?'라는 점에서 놀랐고, 상상만으로도 부러운 이것을 당연히 여기는 이 나라 사람들 때문에 놀랐다고 했다.

얼마 전 '북유럽의 꿈, 한국의 미래'라는 주제로 스웨덴 쇠데르턴 대학의 최연혁 정치학과 교수의 초청강연회가 있었다. 복지와 민주주의, 정치제도와 권력, 정당정치 등을 주요 주제로 비교정치학을 가르치고 있는 최 교수는 저서 『우리가 만나야 할 미래』에서 우리가 상상하는 미래의 사회가 구현된 나라, 스웨덴에 대해 자세하게 설명한다.

자녀가 태어나면 부모는 총 480일 동안 임금의 80%를 지원받는 출산휴가를 얻어 아이 키우는 데 집중할 수 있다. 출산비는 물론 양육비를 받는데, 자녀가 많을수록 더 많은 양육수당을 받는다.

학교 교육의 가장 큰 가치는 '다른 사람의 고유한 가치를 존중하라.'는 것으로, 공동체 의식, 사회적 연대, 책임의식을 키우는 것이 교육의 지향점이다. 모든 교육은 무료이며 학업 보조금까지 학생들에게 직접 지급된다.

노동자들은 연간 5주의 법정휴가가 있으며, 실업자가 되더라도 1년 동안 퇴직 직전의 연봉을 받을 수 있고, 그 후에도 취업이 안 되면 정부에서 제공하는 실업 프로그램에 들어가 1년 동안 퇴직 직전 연봉의 80%를 받을 수 있다.

경제계도 '동일 노동 동일 임금'이라는 연대임금제를 도입하여 노사·노노 갈등이 없고 노동생산성 또한 세계 최고 수준이다. 이런 안정된 노사관계가 경제성장의 디딤돌이다.

물론 이렇게 퍼 주기만 하는 것은 아니다. 이런 시스템의 저변에는 부유층은 소득의 60%를, 저소득자도 29%를 부담하는 세계에서 가장 높은 세금 부담률이 있다. 이것은 세금을 내도 엄정한 원칙과 공정함, 정의에 기반을 둔 형평성 있고 투명한 분배에 대한 사회적 신뢰가 있기에 가능한 것이다.

또한 세금이 높고 복지 지출이 높으면 경제성장이 낮아진다는 일반상식도 깨고 있는데, 2009년까지 평균 GDP 성장률이 2.4%로 OECD 국가들의 평균치인 1.8%보다 높다.

재미있는 것은 스웨덴의 국회의원 이직률이다. 평균 30%의 국회의원이 선거 때마다 바뀌는데 떠나는 이유가 의원직 수행이 너무 힘들어서란다. 단 한 명의 보좌관도 없어 전화를 직접 받으며, 20㎡의 작은 방에서 임기 내에 평균 87개의 입법을 해야 한다니 이해가 된다. 항공편 비즈니스석은 꿈도 못 꾸고, 출장 숙박비는 현지 중급 호텔 기준이다. 그래서 국회의원직을 '4년 임시직', '3D업종'이라고 까지 한다고 한다.

정치인들의 가치관도 다르다. 총리 물망에 오르던 장관이 초등학생 자녀를 키우기 위해 사직하는 것이 당연하게 받아들여지고, 퇴임하는 총리가 집 한 칸이 없어 정부에서 고심 끝에 집을 마련해 주는 나라이다.

또한 다른 정당은 '적'이 아니라 '대화의 파트너'라고 인정하기 때문에, 죽기 살기로 싸우는 것이 아니라 상생하는 정치문화가 자리 잡고 있다. 이런 정치문화에는 85%가 넘는 투표율과 50% 가까이 되는 여성의원 비율이 토대가 되고 있다.

모든 기관의 정책 결정과 집행 과정은 낱낱이 공개된다. 공문서와 회의록이 공개되어 탁상공론과 부패를 막아 주며, 책임 소재를 명확히 한다. 뇌물, 이권 청탁 등이 배제되고 합법적이고 합리적인 생활 습관과 관행이 자리 잡고 있다.

2012년 국제투명성기구가 발표하는 부패인식지수에서 스웨덴은 4위(88점)를 차지했다(참고로 한국은 45위(54점)이다). 세계 토픽에 등장하는 한국의 정치 풍토와 부끄러운 부패지수, 높은 자살률, 저출산과 불합리한 교육제도 등을 생각해 보면 스웨덴이라는 나라는 부럽기 짝이 없다.

그런데도 '우리가 만나야 할 미래'를 꿈꾸는 것은, 짧은 기간에 세계가 놀랄 만한 경제성장과 민주화를 이루어 낸 대한민국의 저력을 믿기 때문이다. 전 국민이 이런 사회를 만들고자 하는 공동의 희망을 품고 노력한다면 그 미래는 점점 가까이 다가오지 않을까 한다.

대한민국은
선진국인가?

외형적으로 본다면 한국은 당연히 선진국이다. 선진국을 판단하는 기준에는 여러 가지가 있겠지만, 한국은 아시아에서 일본과 함께 선진국 클럽인 OECD 회원국이며, 불이며, 대만은 우리나라와 엎치락 뒤치락하고 있다. 개발도상국 원조 모임인 DAC 회원국의 하나로 원조를 받던 나라에서 원조하는 나라로 바뀐 유일한 국가이다.

2011년 기준 1인당 국민소득이 2만3천 불이 넘는데, 이보다 국민소득이 높은 아시아 국가는 일본, 대만, 홍콩, 싱가포르밖에 없다.[34]

유엔개발계획(UNDP)에서 발표한 2010년 인간개발지수(HDI, 삶의 질)도 0.877로 선진국 중에서도 상위권으로 분류된다(세계 12위, 일본

---

34 IMF 발표 2020년 기준 우리나라의 1인당 국민소득은 3만6백 불이며, 대만은 우리나라와 엎치락뒤치락하고 있다.

은 0.884로 세계 11위). 특히 0%에 가까운 문맹률에, 상급학교 진학률도 98.5%에 달하고 있으며, 기대수명도 79.8세로 세계 최고 수준이다.

세계에서 아홉 번째로 무역 1조 달러를 달성했고 경제 규모 또한 세계 13위 수준이다. 세계 3대 체육 이벤트인 올림픽과 월드컵 그리고 세계육상선수권대회를 모두 성공적으로 치러냈으며, G20 정상 회의의 의장국 역할도 훌륭하게 수행했다.

그런데도 많은 국민들은 우리나라를 선진국이라 느끼지 못하고 있다고 한다. 많게는 75%의 국민이 선진국이 아니라고 답한 조사 결과가 보도되기도 했다. 그렇다면 이렇게 높은 성장률과 세계의 인정에도 불구하고 우리 국민은 왜 대한민국을 선진국으로 생각하지 않는 것일까?

그것은 외형적인 성장만으로 충족할 수 없는 요인들이 많기 때문일 것이다. 대형 사고와 재난의 빈번한 발생으로 사회 불안 요인이 증가하고 있으며, 각종 부정부패 사건으로 정부와 정치권의 불신이 정치적 냉소주의로 나타나고 있다.

출산율이 1.15명 정도로 세계 최저 수준이며, 급격히 노령화 사회로 접어들고 있어 심각한 인구구조 문제를 안고 있다. 자살률 또한 10만 명당 26.1명으로 세계에서 가장 높다.[35] 2010년 한국 노동자들의 연평균 근로시간은 2,300여 시간으로 OECD 국가 중 가장 많으며, 청년 실업률도 20%를 넘어서고 있다. 비정규직의 증대, 주택

---

35 2020년 기준 우리나라의 출산율은 0.84명으로 사망자보다 출생아가 적어 인구 자연감소 현상이 일어나고 있다. 자살률 또한 26.9명으로 여전히 세계 최고 수준이다.

가격의 폭등 등으로 날로 심각해지는 불확실성과 사회 양극화로 사회 갈등이 증가하는 악순환이 나타나고 있다.

이에 서울대 전상인 교수는 우리 사회를 '헝그리(hungry)' 사회에서 '앵그리(angry)' 사회로 변모하고 있다고 진단한 바 있다. 절대적 빈곤 시대는 벗어났으나 상대적인 불평등과 박탈감으로 사회적인 불만이 팽배해 있다는 것이다. 절대적인 빈곤 상태에서는 '먹고사는 문제'만 해결하면 되었지만, 이것이 해결되면 사회적이고 정신적인 만족, 즉 삶의 질을 추구하기 때문이다. 따라서 이제는 새로운 시각, 즉 사회의 질(Social quality) 차원에 초점을 맞추어야 한다.

그러나 이는 참으로 복잡하고 많은 시간이 필요한 일이다.

안정적인 경제성장을 위해 개인들의 역량 강화에 필요한 교육과, 일자리를 계속 만들어야 한다. 단순히 안정을 추구하거나 위험을 회피할 목적의 교육, 구직 활동이 아니라 새로운 것에 대한 도전이 위험하지 않은 패자 부활이 가능해야 한다. 인재들이 공무원 시험보다 빌 게이츠, 스티브 잡스, 마크 저커버그와 같이 새로운 분야에 과감하게 도전할 수 있어야 한다. 'SKY대'만 바라보는 과도한 간판 경쟁이 아니라, 창의력을 바탕으로 실력을 경쟁하는 사회가 되어야 한다.

또한, 사회적 약자를 위한 복지제도를 갖추고, 시민들의 자발적인 정치 참여를 통해 사회적인 신뢰를 구축해야 한다. 약육강식, 승자독점 등으로 상대적 약자가 발생하는 불평등 사회가 아니라, 신뢰 속에 조화로운 상생 발전이 가능한 사회, 시민들의 합의를 통해 만들어진 합리적인 갈등 해소 시스템이 갖추어진 사회가 되어야 한다.

공동체 속에서 서로 신뢰하며 더불어 살아가는 사회, 진정한 선진 일류국가 대한민국을 하루빨리 만들어야 할 것이다.[36]

---

36 2011년에 썼던 글로 통계 수치는 바뀌었지만, 우리나라가 안고 있던 문제점의 많은 부분이 그대로이다.

당신의 Note 04 *살맛 나는 도시 만들기*

1. 도시가 지니고 있는 힘은 어디에서 나오는가? 어떤 도시에 사람(인재)들이 자발적으로 모이는가?

2. 도시에서 공동체가 갖는 의미와 역할이 무엇인가? 도시의 많은 자원을 어떻게 네트워크 하는가?

3. 우리 지역의 브랜드가 무엇이며, 그 활용 방안은 무엇인가? 우리 지역의 천시(天時), 지리(地理), 인화(人和)에 대해 고민해 보자.

4. 우리 지역은 삶의 질이 높은 문화예술도시인가? 우리 지역의 문화예술 창조에 주민은 어떤 역할을 하고 있는가?

5. 우리 지역에는 어떤 'Only One'의 관광자원이 있는가? 그 자원을 어떻게 활용하고 있는가?

6. 우리 지역의 교통 정책은 자동차 중심인가, 사람 중심인가?

7. 우리나라의 교육은 진정한 홍익인간을 추구하고 있는가?

8. 우리나라의 심각한 저출산 문제에 대한 효과적인 정책이 있는가?

9. 우리나라는 진정한 선진국인가? 우리는 어떤 미래를 꿈꾸어야 하는가?

진작 배웠어야 했다

대학을 졸업하고 바로 공직에 들어와 어언 36년, 어느덧 공직을 마감할 시간이다. 퇴임을 앞두니 그동안 해 왔던 보람 있던 일들이 많이 떠오르지만, 아쉬운 것도 있다.

특히 아쉬운 것이 높은 경쟁률을 뚫고 시민을 위해 열심히 일해 보겠다고 들어온 공직 새내기들이 얼마 안 돼 생기를 잃고 퇴직해야 겠다고 말할 때다. 왜 이 직원들이 그 어렵다는 공직에 들어와 바로 그만두려고 하는 걸까?

새내기들과 '왜 공직을 선택했는가?'라는 주제로 이야기를 해 보면 그 이유를 짐작할 수 있다. 이들의 답변을 보면 '안정적인 직업', '여유 있는 삶이 가능할 것 같아서'라는 것이 제일 많이 나온다. 퇴직 연금 때문에 노후 생활이 안정되고, 일도 그리 힘들지 않다고 들었기 때문이라는 것이다.

그런데 공직에 회의가 든다는 직원들의 이야기를 들어 보면 안정적이고 여유롭다고 생각하던 공직 생활이 상상과 너무 다르다는 말을 제일 먼저 꺼낸다. 급여도 생각보다 적은 데다 야근이나 주말 근무도 많고, 코로나같이 누구나 꺼리는 현장 업무도 해야 하며, 악성 고질 민원에 시달리다 보면 처음에 꿈꾸던 장밋빛 공직과는 너무도 동떨어진 현실 속에 있음을 깨닫게 된다는 것이다. 그래서 공직이 무엇인지, 어디서 만족감을 느낄 수 있는지를 빨리 알아야만 공직자의 보람을 찾을 수 있다고 말해 주곤 한다.

공직의 목표는 사익 추구가 아니라 공공의 복리 증진이기 때문에 상황에 따라 개인의 희생을 요구하는 등 결코 쉽거나 여유가 있는 직업이 아니다. 공직에 대한 철학, 즉 공직관을 빨리 정립해야만 자기 일에 대해 긍지와 자부심이 생기고, 이런 자부심이 어려운 일을 헤쳐 나가는 힘이 되고 보람을 준다.

"실장님의 말씀을 듣고 '공무원'에 대해 다시 생각하게 되었습니다. 왜 공직이 쉬운 직업이 아니고, 공무원을 하면서 행복하려면 어떤 마인드를 가져야 하는지 고민하게 되었습니다. 저 나름의 공직관을 빨리 세워 보도록 하겠습니다. 정말 감사합니다."

퇴직을 생각하고 있다던 새내기의 메일이다.

그동안 써 왔던 글을 정리하다 보니, 글을 써 온 것이 나도 모르는 사이에 공직관을 정립하는 과정이었다. 또한 제대로 행정을 하는 방법이나 내가 사는 도시를 살맛 나게 만드는 역할에 대해 고민한 흔적이었다. 그동안 글 쓰는 장을 제공해 주었던 지역 언론에 진심으로 고마움을 전한다.

마지막으로 이 책이 후배 공무원들이 사명 의식을 가지고 행복하게 일하는 '진짜 공무원'이 되는 데 조금이나마 도움이 되었으면 더할 나위가 없겠다.

게재했던 언론 ³⁷ |||||||||||||||||||||||||||||||||||||||||||||||||||||||||||||

무슨 일을 하고 계십니까? (중부매일 2013. 6. 19.)

'내 일'을 하자! (충청매일 2007. 1. 7. / 충청투데이 2015. 4. 14.)

일을 장악하라 (중부매일 2013. 5. 8.)

방법을 찾는 사람, 구실을 찾는 사람 (중부매일 2012. 7. 26.)

생각을 바꾸면 방법이 보인다 (충청매일 2007. 7. 12.)

문제가 곧 기회다 (중부매일 2013. 7. 4.)

누구나 실수를 한다 (충청투데이 2014. 2. 19.)

보고는 타이밍이다 (충청투데이 2014. 8. 11.)

불만 민원 이렇게 해결하자 (충청리뷰 2005. 8. 19.)

행복을 주는 민원 처리 (충청투데이 2014. 3. 19.)

잘 쉬는 직원이 일도 잘한다 (동양일보 2003. 4.)

조직의 힘은 어디에서 나오는가? (중부매일 2012. 10. 9)

먼저 신뢰를 쌓아라 (중부매일 2012. 10. 25.)

새로 리더가 되었다면 (충청투데이 2014. 5. 14.)

리더는 리더의 일을 하라 (충청투데이 2014. 7. 14.)

권한을 위임하라 (중부매일 2013. 5. 23.)

리더라면 결정하라, 이순신 리더십 (충청투데이 2015. 6. 9.)

경험의 덫에서 벗어나자 (충청투데이 2014. 6. 11.)

---

37 책의 흐름과 시대 상황을 고려하여 제목과 내용을 수정하거나, 두 개 이상의 글을 합치기도 했다.

매몰비용은 무시하라 (중부매일 2013. 6. 7.)

조직을 하나로 만드는 방법 (중부매일 2013. 4. 24.)

합리적인 업무 배분이 갈등을 없앤다 (충청투데이 2015. 3. 17.)

부하를 춤추게 하는 지시 (충청투데이 2014. 12. 1.)

인사, 예측 가능성이 답이다 (중부매일 2012. 7. 12.)

악화가 양화를 구축한다 (충청투데이 2014. 4. 16.)

사람 보는 안목을 키워라 (중부매일 2012. 5. 1.)

권한에는 한계가 있다 (중부매일 2012. 8. 7.)

잭 웰치가 말하는 리더의 자질 (중부매일 2013. 1. 24.)

멀티플라이어가 필요하다 (중부매일 2013. 2. 26.)

나는 어느 단계의 리더인가? (중부매일 2012. 4. 16.)

철학이 있는 행복한 행정 (충청매일 2007. 12. 27.)

활사개공(活私開公)의 시대 (중부매일 2013. 3. 13.)

포정해우(庖丁解牛)의 경지를 바라며 (중부매일 2013. 1. 15.)

'다름'을 인정하고 더 큰 '같음'을 찾아 (충청투데이 2015. 5. 12.)

직장인의 행복 찾기 (충청투데이 2015. 1. 20.)

행복의 파랑새는 내 안에 있다 (중부매일 2012. 11. 11.)

'같이'의 가치, 동행(同行·同幸) (충청투데이 2014. 1. 22.)

누군가의 꽃이 되어 (충청투데이 2015. 2. 17.)

욕심 대신 여유가 있는 삶 (중부매일 2013. 2. 12.)

변할 것인가, 죽을 것인가? (중부매일 2012. 2. 1.)

즐겁고 힘차게 혁신의 물결 속으로 (충청리뷰 2005. 6. 2.)

붉은 깃발이 펄럭이고 있지 않은가? (중부매일 2012. 5. 17.)

운칠기삼(運七技三)의 진정한 의미 (중부매일 2012. 6. 28.)

도시의 힘은 어디에서 나오는가? (중부매일 2010. 2. 9.)